「明日やろう」「後でやろう」がなくなる

すぐやるスイッチ

尾藤克之

SOGO HOREI PUBLISHING CO., LTD

はじめに

いま、某代議士の議員会館の事務所で、ある取引が行なわれようとしている。

後援会幹部：お世話になった方の子息がどうしても「K大学」に入りたいと言っていてね。そこを先生の力でどうにかなりませんかね？

議員秘書：かしこまりました。お土産は大丈夫ですか？

後援会幹部：板チョコ三枚くらいなら。先生もお好きな甘くてとろけるやつですよ（笑）。

議員秘書：チョコを二枚くらい追加してもらえると話が早いと思います。私も最近は物入りでね。イタリア製の赤いスポーツカーの燃費が悪いもので、今度はドイツ製にしようかと……。

後援会幹部：お主もワルよのぉ。ホッホッホッ！

もし、このような話をまともに受けている人がいれば、それはテレビドラマの見過ぎかもしれない。政治家や議員秘書には、どうしても裏口入学や斡旋などのダーティなイメージが付きまとうが、このような違法行為には手を出さない。メリットがないからである。

私はかつて議員秘書をしていた。議員秘書は、年齢、学歴、経験のいっさいが不問。金と欲と見栄が渦巻く煩悩の世界に身を委ねている。

これまでサラリーマンは出勤さえすれば給料がもらえた。嫌な上司が居ようが、理不尽な目にあおうが出勤さえすればそれがお金になった。議員秘書も出勤すればお金はもらえる。しかし、病気でもして休みがちになれば、いまの身分を維持することは難しくなる。ついでに数年に一度の選挙がある。会社でいえば数年おきに倒産の危機があるのと同じだ。

サラリーマンの友人のW君は将来の夢を次のように力説した。

「まずは市議です」

「市議？」

「そう、政治家になってバンバン稼ぐんだ！」

長引く不況と終身雇用制の崩壊で、サラリーマンは厳しい環境に身をさらされている。聞こえのいい言葉は空虚で意味がない。つまり、サラリーマン全員が、議員秘書と同じようなストイックな環境に身を置くことになったわけである。

私がとあるコンサルタント会社に勤務していたときの話になる。

いまでも、この出来事を思い出す。

当時、私が中心となって進めていたプロジェクトがあった。簡単に言えば、ピアノの販路開拓プロジェクトである。当時のピアノ市場は、ヤマハとカワイで九割のシェアを占めていた（おそらく今も変わらない）。

しかし、それ以外にも多くのピアノメーカーがあり、大手メーカーに対抗すべくピアノ組合を設立していた。とはいえ、この販路開拓はそう簡単なことではない。

想定された販売チャネルはホームセンター、通信販売、音楽大学等での実演販売、百貨店の四経路。チャネル先の担当者と交渉していくと、案の定、当初想定されたチャネルは全滅となる。価格の問題と、ピアノの大きさがクリアできなかったからだ。

この結果に釈然としない私は、数日頭を空っぽにして、なんとか別の可能性がないものか模索した。その結果、一つの可能性が浮かび上がる。それはショールーム販売。これなら実現できるかもしれないと考えた。

当時、大きなショールームを所有し、ピアノを置くことができて、価格的な問題をクリアできる場所は日本に一カ所しかなかった。数年前に経営権を巡る父娘の騒動で有名になったあの家具メーカーである。

早速連絡をしてみたところ、現社長（当時は経営企画室長）とコンタクトが取れ、幸運にもすぐに当時の社長（父親）と面会することができた。結果的に、ショールーム販売は実現をして話題になる。

しかし、最終報告会を前に、私はプロジェクトから外された。理由はいくつかあるが、これはコンサル業界ではよくある話。そのため、さほど気にしてはいなかった。

問題はこのあと発生した。最終的にこのプロジェクトは頓挫する。私が外れたあと、ショールームに置くピアノをめぐって調整がうまくいかなかった。そしてなぜか、最終的に頓挫した責任は、私に押し付けられることになった。

「君はトラブルを引き起こして投げ出したそうだな！」

「責任を上司に押し付けるなどけしからんヤツだ！」

私は役員に毎日呼び出され、詰問を受けて、強引に謝罪文を書かされた。そして一週間後、新規開拓専門部署に異動になる。

私はどうすればこのような事態に陥らなかったのか考えてみた。その後、自分なりに検証し退職を決意する。

会社はとかく理不尽なものである。理不尽な理由で責任を負わされることもある。私のような経験をしたことのある人もいるだろう。

シビアな政治の世界では、最優先で守るものは雇い主である議員である。だからこそ、議員秘書はすぐやる「仕事の振る舞い」が自然と身に付いてくる。そして、実戦を通じて会得したノウハウは一般的なビジネス社会で活用できるものが多い。ならば、そのノウハウをいただこうではないか。本書の重要な要点がここにある。

二〇一九年一一月　尾藤克之

すぐやるスイッチ　目次

CONTENTS

第2章 「なるほど！」と思わせる仕事の極意

第3章

相手をうまくたらしこむ人間術を覚える

第4章 自然に習慣になる行動のルール化

第5章 議員秘書の仕事から処世術を学ぶ

CONTENTS

カバー・本文デザイン&図表：大口太郎
DTP：横内俊彦
校正：黒田なおみ（桜クリエイト）

第1章

先延ばしをやめて「すぐやる人」になる

01 すぐやれないのは性格やスキルの問題ではない

皆様は平成バブルをご存知ですか。平成バブルとは、プラザ合意後の一九八六年十二月～一九九一年二月までを指すのが一般的です。絶頂期の一九八九年十二月二九日、日経平均株価は終値で三万八九一五円八七銭を記録し、誰もがこの好景気の拡大を疑いませんでした。

当時、私は学生でしたが、銀行に就職した大学のＯＢに「賞与が立つ」という話をされたことがあります。これは「賞与が札束で支給されるので封筒が立つ」という意味です。ある大手不動産会社の入社案内の表紙はギリシャのパルテノン宮殿でした。ページをめくると「一〇〇億円を動かす男」と称して新入社員が紹介されています。就職活動の選考ではタクシーチケットが配布されました。

その後、バブル経済の崩壊は突然やって来ます。とはいっても、ある瞬間に発生した現象ではありませんので、「バブル崩壊を体感」できたわけではありません。誰もが、バブル崩壊と気が付かず、数年間を掛けて生じてきた社会現象だったのです。

バブル崩壊からほどなくして、日本は高齢化社会に突入します。社会保障費などの国民負担は年々増加していきます。非正規雇用労働者はバブル崩壊前は一〇％台だったものが、今では四〇％に迫っています。賃金は二〇〇二年を境に下がり始め、日本は「失われた三〇年」と呼ばれる経済の低迷期に突入します。

バブル経済を知っている管理職は、今の若者を「やる気がない」と揶揄します。私たちも、同じように言われてきました。熱があって会社を休もうものなら、「やる気がない」と言われます。会社に出社して上司チェックのもと、体調が悪いと認められたときのみ早退ができました。しかし、風邪を治す期間の猶予は与えられません。翌日は平常出勤です。翌日までに治っていなければ「あいつはやる気がない！」とさらに評価が下がります。

残業で遅くまで残っているのも当たり前でした。仕事があるとか効率性の問題ではなく、上司より先に帰ることができないのです。上司から「よし、これから一杯いくか？」と言われたら、時間にかかわらず付き合うのが当たり前でした。ＴＶでは「二四時間戦えますか」という

ＣＭ（時任三郎のリゲイン）が人気でした。当時と比べれば、現在の労働環境はよほど改善したと言えます。

そして、バブル時代のサラリーマンにあって、現代のサラリーマンにないものもあります。それがキャリアビジョンです。

バブル時代は多くの企業でビジョンが共有されました。入社三年以内にリーダーに昇格して、三〇歳代前半でマネジャーか課長に昇進。五〜六名のチームを任される。三〇代後半で部長に昇進して、子会社の役員に出向。もしくは本社の事業本部長を目指す。そうなったら年収は一〇〇〇万円を超える。接待費で銀座で飲み、タクシーチケットも使いたい放題。それから……バラ色の人生と言えるでしょう。

すぐやる、すぐ成果を出す人が生き残る

今のサラリーマン、とりわけ若い世代はこのようなビジョンを描ける環境には置かれていません。**将来が見えにくいですから、やる気も踏ん張りも利かなくなっています。**成果主義、長時間労働、滅私奉公を要求されるなかで、燃え尽きてしまうのです。

しかし、会社に在籍するなら、期待される成果を出し続けなければ会社には残れません。

図01　サラリーマンの働き方の変化

現在は将来へのビジョンが立てづらい
▼
やる気が出ない

会社にいる四〇代以上の人は、上からガツンと怒鳴られ怒られダメ出しされて育ってきた世代です。上司にかなりキツいことを言われながら仕事をしてきています。しかし、今の若手は怒鳴られた経験がありません。パワハラが問題になり、上からガツンと怒鳴ったりダメ出しばかりするのはよくないという風潮になってきたことも影響しています。草食系と呼ばれている世代と上司の世代には、かなり深いジェネレーションギャップが存在します。

理不尽な上司と対峙するために「メンタルを強くしたい」と言う人がいます。筆者は人事の専門家として多くのアセスメント開発に関わってきました。その経験から話すと、メンタルはいくら鍛えても強くはなりません。むしろ鍛えようと頑張ることでストレスを抱えてしまったら逆効果です。

パワハラ改善の研修や、法規制もできつつあるので、上司が変わることに期待したいという人もいるでしょう。

しかし、あまり期待しないほうがいいでしょう。人を怒鳴る行動は反射的に起こるものです。熱いものを触ったら「アチっ」と手を離すことと同じと言えます。そのまま触っていたら大やけどをして命を危険にさらします。怒鳴るのも同じです。「瞬間スイッチ」ですから防ぐことはできません。

最近、怒りを感じたら六秒数えようというアンガーマネジメントの「6セカンズ」理論が流行っていますが、これでは瞬間スイッチを抑えることはできません。上司が理論を学ぶことで知性が豊かになることは考えられますが、それに伴い怒鳴る行動が改善するとは思えません。

ではどうすればいいのでしょうか？　それは**怒鳴られないための行動を取る以外にありません。それが本書のテーマの一つである「すぐやる」ことになります。すぐやることで上司のストレスから解放されます。仕事のスピードもアップします。あなたがすぐやれば、上司の行動も変わります。**

ポイント

・人の怒鳴る行動は簡単には抑えられないもの。
・上司のストレスから逃れる有効な方法はすぐやること。
・すぐやることは、仕事のスピードもアップにもつながる。

02 人は先延ばしをするものだと受け入れよ①

誰にでも先延ばしをする癖があります。すぐにやらなければ面倒になることがわかっていても行動が遅れてしまうのです。皆さんは一夜漬けの経験はありませんか？　夏休みの宿題などはその典型です。しかし、人間は切迫した状況に置かれると、想像できないような力を無意識に発揮する特性もあります。

では、夏休みの最後の一日ではなく最初の一日で片付けてしまえばいいと思いませんか。それはできないのです。限界状況に追い込まれた人間が、実力以上の力を発揮することは、昔から知られていますが、それはなぜでしょうか。精神科医の樺沢紫苑氏は『脳のパフォーマンスを最大まで引き出す 神・時間術』（大和書房）のなかで、次のように解説をしています。

「**人間は、追い込まれたときに、最高のパフォーマンスを発揮できるように設計されているのです。**命の危険という状況でなくとも、『今日中に、この仕事終わらさないとヤバい』という状況や、試験の直前の『ああ、緊張してきた』といった軽い緊張や不安の場面でも、ノルアドレナリンは出ます」

人がピンチに陥ったときには、ノルアドレナリンが分泌されます。正しい判断を瞬時に下せるように、脳が集中力を一気に高めていると考えられます。ノルアドレナリンが分泌されると危機回避や緊急事態対応が可能になります。

例えば、皆さんが仕事をしているオフィスが火事になったとします。ところが今、大切な資料の作成中です。速やかに避難するか、資料を作成してから避難するか、どちらかの選択肢しかなかったとしましょう。このときに、「資料を作成してから避難する」人はいないと思います。資料を脇にかかえて階段を駆け下りていくことでしょう、**ノルアドレナリンによって危機回避や緊急事態対応が可能になるわけです。**

ムダな努力を続けることも危険

また、ムダな努力を続けていると、努力することがバカらしくなることがあります。

図02　人間が力を発揮しやすい環境

期限ギリギリに追い込まれたとき、最大限の力を出す

大学受験のときの話になります。勉強してもあまり成績が上がらない時期がありました。書店で「成績アップ本」を購入しても効果はなく、一カ月も経てばお蔵入りという状態です。

次に購入したのが赤本、つまり「学校別入試対策本」です。買ったときにはその学校に入りたいというモチベーションで高揚していますが、実際にレベルの高い勉強を始めるとなかなか難しい。そこでやる気をなくします。自分では決してサボっているわけではありません。しかし、なかなか成績が上がりません。

成績が上がらないと、努力そのものがバカらしくなります。努力をしても何も変わらない。そうなると、他のものに関心が移ってきます。成績はドンドン下がっていきます。そして、数学が追試になり、落第寸前にまで追い詰められました。

「ヤバイ」

「へらへらしている場合ではない」

ようやく気が付いて、クラスにいる秀才君に話し掛けました。

「いやー、どうしたら点数が取れるようになるかな？」

向こうもびっくりしたようでしたが、「帰りにウチ来る？」と言われて付いて行きました。そこでは意外なほど当たり前なことを教えてくれました。

教科書で重要な個所のみ覚えるように言われたのです。「これだけでいいの？」と聞くと、「ここは先生がいつも繰り返すところだからね。あとは公式に当てはめれば簡単だよ」。

追試の合格基準は六〇点です。彼の言うとおりに勉強して合格できました。基礎がなっていませんから、一日一〇時間以上の勉強が必要でしたが、我ながら、すごい集中力だったと思います。

実のところ、授業中、私は先生の話を聞いていませんでした。黒板に書かれている文字を必死にノートに写していたのです。ノートの冊数だけ積み重なって自己満足に浸っていました。これ以降、ノートを必死に写すことをやめ、聞くことを心掛けました。その効果で成績もアップしてきました。**人は、成果が出ないと努力をすることがバカらしくなります。**誰もが陥るワナですが、それを知らないと、やり方を根本から変えることはできません。

ポイント

- 人は追い込まれると最高の集中力を発揮する。
- 成果が出ないときはやり方を確認すべし。
- 無駄があったら方法を根本から変える勇気も必要。

03　人は先延ばしをするものだと受け入れよ②

「本来は今日やるべき仕事だけど明日やろう」

「よし明日から本気になるぞ！」

このような人がよくいます。将来やることを期待してドンドン先送りをしてしまうのです。

一日目　今日は無理だから、明日から本気を出そう。
↓　日付が明日に変わる。
二日目　今日は体調がイマイチ。明日の午前中なら時間もありそうだ。
↓　日付が明日に変わる。
三日目　急なアポが入っちゃったな。また改めて再設定すればいいや。

↓

日付が明日に変わる。

これが「先延ばし」です。「先延ばし」はやっていないことと同じです。明日になれば体調がよくなるとか、全開バリバリでやる気モードになることは、絶対にありません。面倒な仕事は誰もがやりたくありません。先延ばしを繰り返すことで確実に残り時間は少なくなっていくのです。

このようにならないためには、前日から取り掛かる意識が大切です。これは、前日から作業を始めるという意味ではなく、**寝る前にやるべきことのリストアップや整理をしておくということです。前日の寝る前に意識を仕事に向けておくことが大事なのです。**

目が覚めたら、先送りにしてきた仕事に取り掛かることができます。朝は一日の中で最も重要な時間です。心身ともにエネルギーに充ちています。この時間帯に動くことは極めて合理的とも言えます。「手を付けることができない（もしくはできなかった）」という意識はこれで変わるはずです。

それでもできない場合、確認してもらいたいのが睡眠です。

活動量計を開発・販売するポラール・エレクトロ・ジャパンが、主要二十八カ国のユーザー

図03　先延ばしを防ぐには？

先延ばしの影響を考える

▼

例えば…

仕事全体の負荷が掛かる
モチベーションが低下する
出世ができなくなる

▼

文字として可視化すると
デメリットを強く意識できるようになる

から、二〇一七年の六カ月間、六〇〇〇万人の睡眠データを取得して分析した結果、日本人の睡眠時間が二十八カ国の中で最短であることがわかりました。日本人の平均睡眠時間は男性が六時間三〇分、女性六時間四〇分と男女ともに最短。最長は、男性はフィンランドの七時間二四分、女性はフィンランドとベルギーの七時間四五分でした。「睡眠の質」も、日本人平均は二十八カ国中二十五位とされています。

睡眠不足は様々な弊害をもたらします。眠りが浅いと、心や思考に悪影響を及ぼし、やる気が低下して、集中して取り組むことが難しくなるからです。ぼーっとしていると思考力が働かずに判断力も鈍ってきます。眠れないことで仕事のパフォーマンスが落ちます。こうなると負の睡眠不足ループです。気合いで乗り越えられるようなものではありません。

また、寝る前にお酒を嗜む人がいます。少量のお酒は「ナイトキャップ」と呼ばれ、とても気持ちよく寝付ける、という人も多いと思います。ところが飲みすぎると眠りの質を低下させます。夜中に目が覚め、なかなか寝付けなくなるのです。これを中途覚醒と言います。熟睡できませんから疲れも抜けません。お酒は決して睡眠の一助にはなりません。むしろ邪魔をしていると言ってよいでしょう。

私が研修会社に所属しているとき、起床時間を研修開始の四時間前に設定していました。そのことは受講者にも通知していました。一〇時開始なら六時起床です。この会社は世界五〇カ国で展開するグローバル企業で、行動心理学をベースにプログラムが考えられていました。脳が活性化しているときに、正しい情報を入れることで学びが深くなるという考え方です。脳が活性化していないと、どんな情報を入れても無理が生じます。「やればできる」と精神論を強いても意味がありません。また、**成果を挙げる人に睡眠不足の人はいません。睡眠を管理することとは能力なのです。**

先延ばしは禁煙できないことに似ている

仕事を先延ばしにすることは「禁煙」できないことに似ていると思います。「今日から禁煙しよう！」と思っても、周りに喫煙者がいると「一本もらっていい？」ともらいタバコをして「明日から禁煙しよう」と先延ばしにしてしまいます。

では禁煙を成功させるために有効な方法はなんでしょう。タバコの持つ悪影響を繰り返し刷り込むことです。

①喫煙により肺がんなどの疾病リスクがアップする
②タバコを吸わなくなれば、その分の経費を浮かすことができる
③社会の中でタバコが吸えない環境が整いつつある

皆さんに先延ばしのクセがあるなら、これと同じように、先延ばしによる悪影響とやめた場合のメリットをリストアップして刷り込むようにしてください。**影響を可視化すれば先延ばしはなくなるはずです。**

先延ばしをやめるメリット

〇先延ばしをしなければ空いた時間を有効に活用できる

○先延ばしをしなければ外部の勉強会にも参加できる
○先延ばしをしなければ恋人に会う回数を増やすことができる

先延ばしによるデメリット

○先延ばしをすることで仕事全体の負荷が掛かってしまう
○先延ばしをすることでモチベーションが低下する
○先延ばしをすることで出世できなくなる

どうでしょう。やっぱり先延ばしはよくないのです。

ポイント
・先延ばしが慢性化すると仕事にもマイナスな影響を及ぼす。
・先延ばしの悪影響を可視化することで先延ばしを防止。
・仕事がデキる人はきっちりと睡眠を取っている。

04 セルフコントロールを意識して PDCAを回そう

私たちは日々仕事に追われています。そのため寝不足に陥りやすい傾向があります。ところが、「平日忙しくて睡眠が取れなくても週末に寝だめをすれば大丈夫」という人がいます。実は、週末の寝だめには意味がないことがわかっています。毎日きちんと一定の睡眠時間を取るのが望ましいのです。これは科学的にも明らかにされています。

米国のペンシルベニア州立大学のアレクサンドロス・ウゴンツァス（Alexandros N. Vgontzas, MD）氏らの研究では、「寝だめ」によりストレスが低下することは明らかになりましたが、記憶力は回復しなかったのです。徹夜続きで睡眠時間が短いことを自慢している人がいますが、それは愚の骨頂。ビジネスパーソンにとっては百害あって一利なしと言えるでしょう。

仕事にせよプライベートにせよ基本は睡眠時間を十分に取り、体調の悪いときには無理をしないことです。この二つの実践は私のビジネス経験でも明らかです。

例えば、私は今コラムニストや著者としていくつかのサイトに記事を投稿しています。一般的にこういう仕事の場合、締切を守れない人がたくさんいますが、私は締切に遅れたことは一度もありません。書店に行けば時間術や仕事術が多く並んでおり、活用できるものも多くあると思いますが、まずは、睡眠を取り体調を整えなければ、素晴らしい時間術や仕事術を身に付けても効果が発揮できないでしょう。

また、**締切に追い詰められないようにするセルフコントロールも大切です。**強迫観念を感じると締切がストレスになってしまいます。**締切をポジティブに捉えて、うまく付き合っていく必要性があります。**締切に動かされてしまうということは、誰かに動かされていることになります。非常に窮屈でつまらない状態になってしまいます。

そうならないためにも、締切を自分でコントロールしていく意識を持たなければいけません。仕事は上司や取引先の依頼なので、自分では締切をコントロールできないという人がいるかもしれませんが、決められたスケジュールを自分のやり易いように設定するだけでずいぶん違うはずです。これは、小学生の時間割を思い出すとよくわかると思います。

図04　世界28ヵ国の睡眠データ

国名	男性			女性		
	入眠時間	起床時間	睡眠時間	入眠時間	起床時間	睡眠時間
フィンランド	0:16	7:43	7hr24min	23:51	7:36	7hr45min
エストニア	23:51	7:16	7hr23min	23:28	7:14	7hr44min
フランス	23:56	7:19	7hr23min	23:43	7:26	7hr44min
オーストラリア	23:40	7:00	7hr21min	23:19	7:04	7hr36min
オランダ	23:58	7:20	7hr20min	23:36	7:23	7hr41min
ベルギー	23:58	7:24	7hr20min	23:42	7:29	7hr45min
カナダ	23:16	6:41	7hr18min	22:58	6:37	7hr41min
イギリス	23:29	6:48	7hr18min	23:07	6:49	7hr34min
オーストリア	23:43	7:00	7hr16min	23:21	6:59	7hr40min
ドイツ	23:51	7:12	7hr15min	23:34	6:11	7hr36min
スイス	23:45	7:01	7hr14min	23:23	7:01	7hr38min
スウェーデン	23:46	7:02	7hr14min	23:25	7:00	7hr33min
デンマーク	23:40	6:56	7hr14min	23:27	7:00	7hr31min
ハンガリー	0:16	7:28	7hr14min	0:06	7:36	7hr30min
ロシア	23:38	6:53	7hr13min	23:16	6:51	7hr26min
アメリカ	23:36	6:53	7hr11min	23:10	6:43	7hr31min
南アフリカ	23:53	6:06	7hr11min	22:34	6:06	7hr30min
ノルウェー	0:23	7:42	7hr10min	0:20	7:49	7hr28min
ポーランド	23:52	7:04	7hr09min	23:37	7:03	7hr25min
イタリア	0:11	7:17	7hr03min	23:52	7:17	7hr22min
スペイン	0:51	7:56	7hr03min	0:28	7:54	7hr23min
中国	0:29	7:25	6hr52min	0:18	7:32	7hr11min
コスタリカ	23:29	6:27	6hr49min	23:09	6:31	7hr15min
コロンビア	23:26	6:19	6hr49min	23:17	6:32	7hr10min
ブラジル	0:26	7:19	6hr47min	0:09	7:31	7hr12min
香港	0:53	7:43	6hr42min	0:49	7:56	6hr59min
イスラエル	0:07	6:51	6hr42min	0:06	7:02	6hr51min
日本	0:25	6:59	6hr30min	0:24	7:11	6hr40min
世界平均	23:55	7:06	7hr07min	23:39	7:07	7hr26min

出典：ポラール・エレクトロ・ジャパン「睡眠データ分析で日本の睡眠時間は主要28ヵ国中最短」（2018年4月発行）

小学校に通学する子供は、様々な教科を時間通りにこなしていきます。開始時間になったら着席して授業に参加し、終わったら次の授業の準備をします。残業に追われているサラリーマンは「忙しい」が口癖です。ところが、小学生が「忙しい」を口にすることはありません。私たちも、小学生時代を思い出して、自分の時間割を作成してみましょう。

自分オリジナルのＰＤＣＡサイクルを作ろう

ＰＤＣＡサイクル（Plan-Do-Check-Act）は、事業活動や管理業務を円滑に進める手法の一つです。私もあらゆる作業に、ＰＤＣＡサイクルを用いています。

この本を例にしてみましょう。

最初に企画書を作成して出版社の編集会議を通して承認をもらいます。細部を決定するのは著者の作業になります。

各章の構成をシミュレーションして、ページ数や文字数を決めていきます。最後に文字数を書き上げるための日数を確定します。出版社が締切を設定する場合は、逆算して日々の計画を策定します。あとはスケジュールに則って執筆作業に入ります。その都度、原稿が予定通りに進んでいるか、クオリティーとともに確認します。

原稿が完成すれば、原稿は一旦私の手を離れます。出版社がチェックして体裁を整えていきます。レイアウト、デザイン、価格、販売戦略は出版社主導で決められていきます。この後、著者として、何度か原稿をチェックします。

これらの流れは、すべてＰＤＣＡサイクルに基づいています。しかし、他の業務や体調との兼ね合いもありますから、**自分オリジナルのＰＤＣＡルールを運用するように心掛けることが大切です。ゴールが変わらなければ、過程などは変わっても構いません。**フレキシブルに対応し、ルールは自分が決めるようにしてください。

ポイント

・セルフコントロールの基本は十分な睡眠確保にあり。
・すべての仕事はＰＤＣＡに落とし込める。
・ＰＤＣＡに則ったスケジュールを作れば締切にも追われない。

05 時代に合わせた仕事のやり方をあなたは志向しているか

私たちは、変化が大きい社会を生きています。数年前まで当たり前だったものが、すでに過去の産物となるほどに変化のスピードは増しています。このような時代では思考を柔軟にしなくては対応できません。

私は学生向けに就職活動のアドバイスをすることがあります。学生の学力低下を危惧する声が聞こえますが、上位ランクの学生に関しては、かつてないほど優秀な学生が多いことに驚かされます。

そうした中で、企業は「柔軟に対応する姿勢」「既成概念に捉われずチャレンジ精神を持ち続ける姿勢」を学生に求めています。

優れた知識や情報、技能を持っていたとしても、あっという間に時代遅れになるリスクがあるからです。常に他の何かによって代替されるリスクがあるわけです。

自然科学者のチャールズ・ダーウィンは、「この世に生き残る生物は、変化に対応できる生物だ」という考えを示しました。私たちが、毎日見ている景色は一面でしかなくて、私たちの目が届かないところで多くの変化が進行しているのです。

「すぐやる人」は自分をアップデートすることを忘れません。やらない人は現状に固執します。そして変化に対して恨み言を言います。こうなると完全に置いていかれます。私のようなコラムニストにも言えることですが、情報は常にアップデートしなければいけません。取りあえず情報を収集して精査する。情報に触れないことには評価ができません。ニーズがあれば、なぜニーズがあるのかを考えます。流行のものがあれば、なぜ流行っているのかを考えてみます。

アップデートの方法は人それぞれ

アップデートするには参考にするソース（情報源）を変化させなければいけません。ソース先そのものや年代、専門を変えてみることも一考です。ソースを変えるということは、それまでとは「事実」の見え方が異なってきます。この違いがわからなければソースを変えても何も

図05　現代社会を賢く生き抜く方法

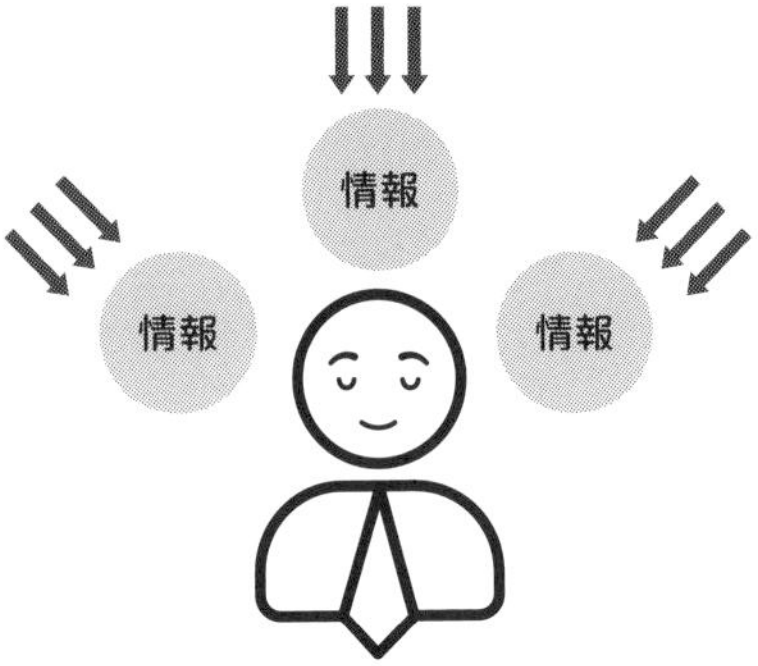

情報アンテナを張り、知識を常にアップデートする
▼
時代の変化に柔軟に対応できるようになる

学ぶことはできないでしょう。なぜそうなるのか、どういう背景があるのかを考えてみるのです。そうすると、今までとは違った価値観があることに気が付きます。

海外には最先端の技術を使った新しいコンビニがあります。その名も「Ａｍａｚｏｎ Ｇｏ」。米国のＡｍａｚｏｎが展開する新形態のコンビニです。何が興味深いかというとレジがない点です。日本のコンビニでもセルフレジを導入し始めていますが、「Ａｍａｚｏｎ Ｇｏ」はそれすらもないのです。お客様が商品を手に取ると、その顧客のＡｍａｚｏｎアカウントのカート内に自動で商品が入っていき、店の出口で自動決済されます。Ａｍａｚｏｎでは二〇二一年までに三〇〇〇店舗の出店を目指しています。

人件費が削減され、安く購入できるので利用者は今後増加するでしょう。これは世の中でレジ係が不要になっていくということを意味しています。思い返せば、私が子供の頃、駅には切符にハサミを入れる駅員がいましたが、今は自動改札が当たり前になっています。高速道路の料金所はＥＴＣが増え、ガソリンスタンドも無人の店舗をよく目にします。

英国のオックスフォード大学のマイケル・Ａ・オズボーン氏が、二〇一四年に発表した論文『雇用の未来－コンピューター化によって仕事は失われるのか』では、今後、一〇～二〇年程度で、米国の総雇用者の約四七％の仕事が自動化されると論じられています。

経営者からすれば、安くて確実、不平不満を言わないロボットの方が人間よりはるかに便利ということになります。私たちはこの現実をどのように理解すればいいのでしょうか。

ポイント
・情報を常にアップデートすることで時代に合わせた思考を手に入れる。
・情報の更新はソース元を変えてみるのも手。
・今後、仕事の多くは自動化される。

06 目先のことが大切？ 仮説思考でシミュレーション

新しいモノやサービスが驚くようなスピードで生まれ、そして消えていきます。不安定な世の中で、私たちに必要なことは何でしょうか？

これはコンサルティングの現場を見ているとわかりやすいと思います。コンサルティングは企業にとって利益を生み出すこともあれば、利益を生み出さないこともあります。多くの場合は「将来こうなるのではないか」と仮説を立てて動きます。**仮説設定に最大のエネルギーを投下しますので、情報収集には余念がありません。**

例えば、教師という仕事を考えてみましょう。昔から人気の高い職業ですが、教師が主人公のテレビドラマが放送されるとさらに人気が上がります。ですが最近は、労働時間の長さが問題となりブラックな職業と言われています。それでも、教師の人気は高く、狭き門という現実があります。教師を夢見て何年も教員採用試験を受け続けている人もいます。なぜ教師になりたがるのでしょう。私立以外は、公務員として扱われるため、原則的にリストラがなく、安定が保証されていることも一因でしょう。給料、賞与、年金、退職金も保証されています。

しかし、少子高齢化の影響で学校は統合されています。生徒数も減少していきます。私立では経営が行き詰ったり、公立も学級を減らすなどその影響は出ています。さらに、教師自体がＡＩに取って代わられるとも言われています。ＡＩの授業が増加すれば教員がいらなくなるかもしれません。政治の動向も影響を及ぼしそうです。これらの情報を包括的に予測することをコンサルティングでは「シミュレーション」と呼びます。

シミュレーションする意識が大切

バブル経済絶頂期の一九八九年一二月二九日、日経平均株価は終値で三万八九一五円八七銭を記録し、誰もが一九九〇年以降の景気拡大を疑いませんでした。一九八九年の一年間における日経平均株価の上昇率は約三〇％。某大手飲料メーカーの会長は、一九九〇年の高値を四万八一〇〇円と予想しました。他にも、著名な経営者や経済学者が、一九九〇年の株価について予想をしましたが、バブル崩壊を予想した人は一人もいませんでした。

株価は、一九九〇年一〇月には二万円割れと、わずか一〇カ月で半値まで落ち込みます。ところが、半分に落ち込んでいるにもかかわらず、一九九〇年一〇月にバブル崩壊を予見した経済誌はありませんでした。現実的な問題として生活水準が落ち込んだことも感じませんでした。一九九二年くらいまでは、景気は持ち直すという楽観的ムードが漂っていたのです。

そのような時期に、オープンしたのがジュリアナ東京です。話が少々脱線しますが、テレビ番組で平成バブルの話になると、当時のディスコ映像とテクノミュージックが流れます。ですが、ジュリアナ東京のオープンは一九九一年五月ですから、そのときすでにバブルは崩壊していたのです。

平成バブルは、プラザ合意後の一九八六年一二月から一九九一年二月までを指すのが一般的です。ジュリアナ東京のオープン以降、各種経済指標も低迷し景気悪化が加速、バブル崩壊を実感するようになります。実際に、「バブル崩壊」という言葉が使われるようになったのは一九九二年後半以降です。その後、三〇年近く消費や景気が落ち込んだ歴史を「失われた三〇年」と呼びます。

シミュレーションは経済学者、ジャーナリスト、コンサルタント等、あらゆる人が使用する

図06　すぐやる人の意識

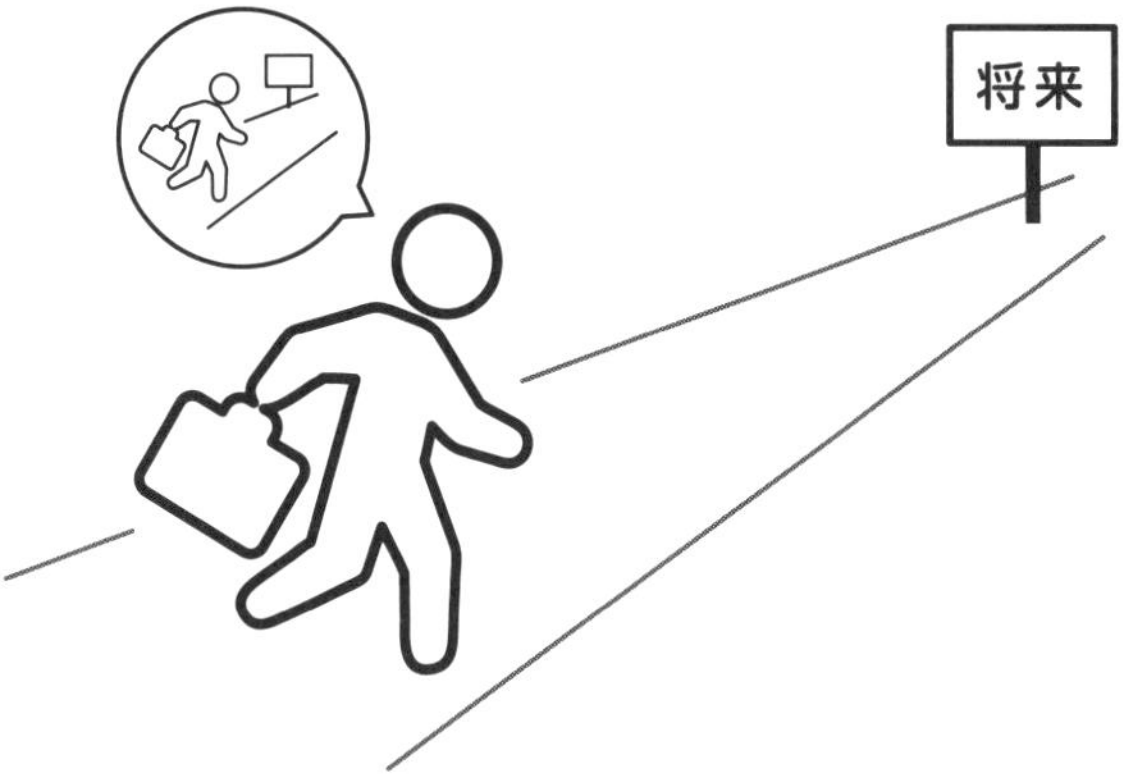

常に未来を意識してシミュレーションする

手法です。もちろん、バブル崩壊のように外すことも多々あります。それでも、シミュレーションを意識するとしないとでは情報に差が出るはずです。シミュレーションと無縁のサラリーマンは多いですが、これからの時代を生き抜くには、シミュレーションをする癖を持つようにしてください。

バブルの崩壊によって、大きく変わったものの一つに日本の雇用形態があります。日本企業のシンボルだった「終身雇用」という太い柱はなくなってしまいます。その代わりに伸長したのが人材派遣業です。規模の大小を問わずあらゆる業種に食い込んでおり、バブル後、終身雇用の崩壊をシュミレーションして、いち早く動いた人材派遣会社は様々な業界でトップの地位にいます。

正確なシュミレーションをすることで、ビジネスの世界で生き残るだけでなく、一気に頂点まで駆け上がることが可能になるのです。

ポイント

・仮説設定を意識することで今の行動は変わる。
・シミュレーションを心掛けることで情報に対する意識が高まる。
・シミュレーションが外れても入手した情報は役立つ。

07 マルチタスクはシフトチェンジをスムーズに

仕事に集中できない人がいます。

「何か忘れていないだろうか？」「あの件は大丈夫だったかな」と一つの仕事をしていても、新しいことが気になって目移りしてしまいます。結果的に、あれこれと手を付けてなにも満足に終わらせることができなくなるのです。これは心配性の人に見られやすい傾向です。

ある作業をしていても、他が心配になると気が気ではなくなるのです。家を出たあとに、ガスの元栓を締めたか、カギを閉めたか、不安になって確認のために帰宅した経験はありませんか。気が散りやすい人はこの傾向があると思います。資料作成をしていても、途中でメールの返信をしたり連絡をしているうちに、資料作成のタスクがおざなりになってしまうのです。

今は、マルチタスクが当たり前の時代です。**多くの作業を並行して進めなくてはいけません。同時並行で着手していると、仕事のギアチェンジをスムーズにする必要があります。**散漫になると、やりかけの仕事がたくさん残ってしまいます。

例え話ですが、マニュアル車でシフトダウンをするときシフトショックが起きることがあります。同じスピードでも、三速と二速ではギア比が異なります。そのままギアダウンをするとエンジンを痛めてしまいます。減速時、ブレーキを踏みながら、ギアを落とすことで、一段下のギアに合った回転数になるためシフトショックを避けることができます。

人の仕事も同じです。シフトショックが起こらないようにマルチタスクに手を付けないと、結果的にエンジンを痛めることになりかねません。マルチタスクは、同時に複数の仕事をこなすテクニックですが、タスクを変えるときに「シフトショック」をなくさなければいけません。エンジンであるあなたに負荷が掛かってしまいます。

また、仕事への集中力も大切です。作業を始めたら、横やりが入ってきても、「今、手が放せない」とあとに回さなければいけません。緊急事態ならひとまず受けて、今の仕事を終了させてからチェンジしなければいけません。一つずつの作業にすることで、余計なギアチェンジが必要なくなるわけです。

もし、不安なことが頭をよぎったら次のようにしてください。いったんノートに気になることを書いて脇に置いておくことです。また頭をよぎるかもしれませんので、ノートからページを切り取り、目の前のデスクに貼っておくのも一案です。

このときに、整理して書いた「気になること」は時系列で整理して締切日を書くようにしてください。残り時間が十分であれば、その仕事は今やる必要はないことがわかります。これで、安心して目の前のタスクに集中できて、マルチタスクをこなすことができるはずです。

仕事の力の抜きどころを理解する

社内で管理職に昇格すればおのずと仕事は増えていきます。重要な仕事、緊急の仕事、雑務などメリハリを付けなくてはいけません。仕事の優先順位を付けてどんな仕事も満遍なくこなさなくてはいけません。本来、雑務などは「手を抜く」仕事です。それは決していい加減にやるというのではなく、エネルギーを効率的に配分するという意味です。どこにエネルギーを掛けるかを考えることは、長期的な仕事を継続する上で大切なことです。

メールの返信に何十分も掛けたり、社内資料の確認に何時間も掛けたり、明らかに効率的でない仕事はムダと言えます。メールはよほど失礼でないか、文意が伝わらないものでなければ

図07　マルチタスクのポイント

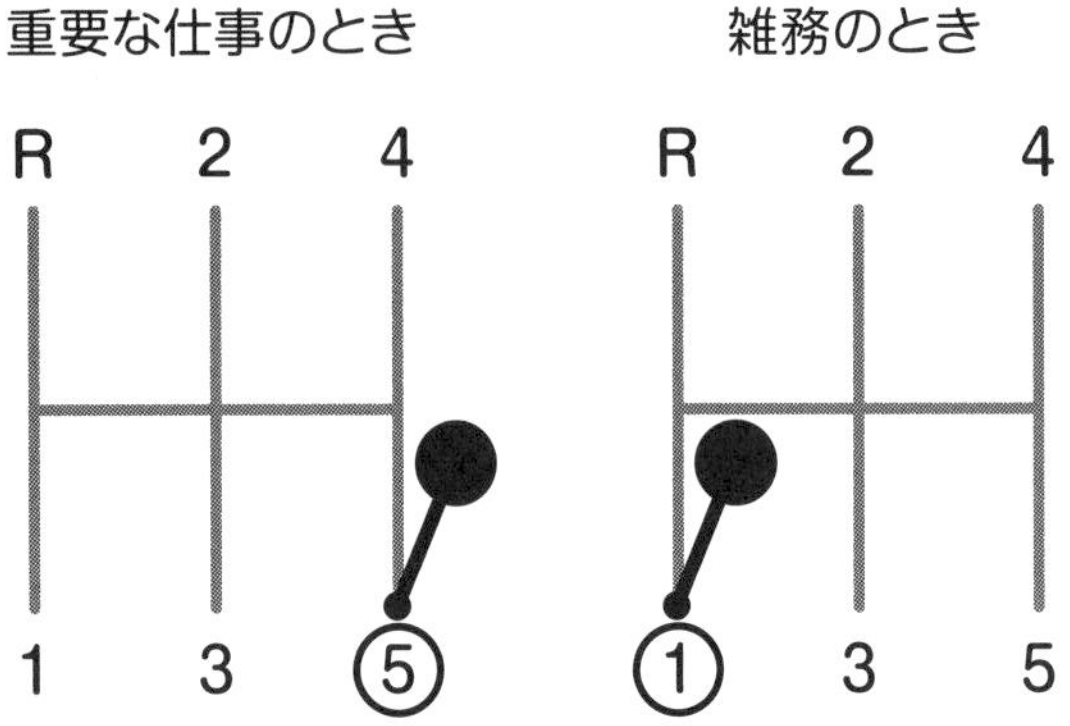

仕事の内容によってギアレベルを変える

問題ないはずです。社内資料も同様です。誤字脱字も許容内なら問題ありません。

　これは私の話ですが、「営業部ミーティング資料」とタイトルを付けるところを「栄養部ミーティング資料」と間違えて配布してしまったことがあります。社長は爆笑して「営業部は社内に栄養をもたらす存在だからな！　大いに結構」と褒められたことがあります。やはり、力の入れどころと抜きどころを知っていることが大切と言えるかもしれません。あなたの仕事はいかがですか？　**きちんと時間とエネルギーの配分ができていますか？**

ポイント

・マルチタスクでは仕事によって力の入れ具合を調整する。
・メールや社内資料などの雑務はスピード重視で捌け。
・複数の業務を抱えていて不安ならノートに作業項目を書いておく。

第2章

「なるほど!」と思わせる仕事の極意

08 仕事はなにしろスピードを優先せよ

私がシンクタンクに勤務しているとき、ある有名企業から仕事依頼がありました。内容は、特定市場のマーケットのニーズと将来予測（シミュレーション）をしてもらいたいというものでした。このような依頼があったとき、**最もインパクトがあるのがスピードです。**

新聞記事や雑誌記事のデータベースを引いて、依頼どおりのレポートを作成します。ただし、著作権など差し障りがありますので、これをそのまま提出することはできません。泥臭い部分を中心に構成し直すのです。報告までの日数が一カ月あったとします。ここで、一カ月後に報告をするのは愚の骨頂です。私なら、二日後に第一報を入れます。仕事上知りうる情報として、「これは凄い！」というような秘密情報などを入手できることはまずありません。発注側もそのことはよく理解しています。

だからスピードが重要になります。例えば、発注内容がリゾート開発だとします。二日後に「比較的大きな敷地を所有している高級ホテルを見つけました。この地域なら、ゴルフ場、スキー場といった施設をはじめ、プール、スパ等の施設をホテルに隣接して建設すれば温泉好きの日本人に受け入れられやすいと推測します」と報告をすればいいのです。

評価を分けるのはスピード

たかだかこれだけで、この人は仕事が速くて信頼できるという評価をされるでしょう。もし、発注側から「現地のリゾート開発に精通している業者を紹介してほしい」等の依頼があったら、「今回のプロジェクトで知り合いになりました。次回ご紹介します」と答えればいいのです。知り合いがいない場合はブラフですが、後から目ぼしい相手を探せば問題ありません。このようにドンドン話を進めてしまえば、**当初の期限だった一カ月後には、既に実行プランを含めて形になっているはずです。**

このロジックはすべての仕事に使えます。例えば、仕事のクオリティーは人によって感じ方が異なります。自分では素晴らしい仕事のアウトプットと思っていても、そう感じない人もい

図08　評価されやすい仕事の取り組み方

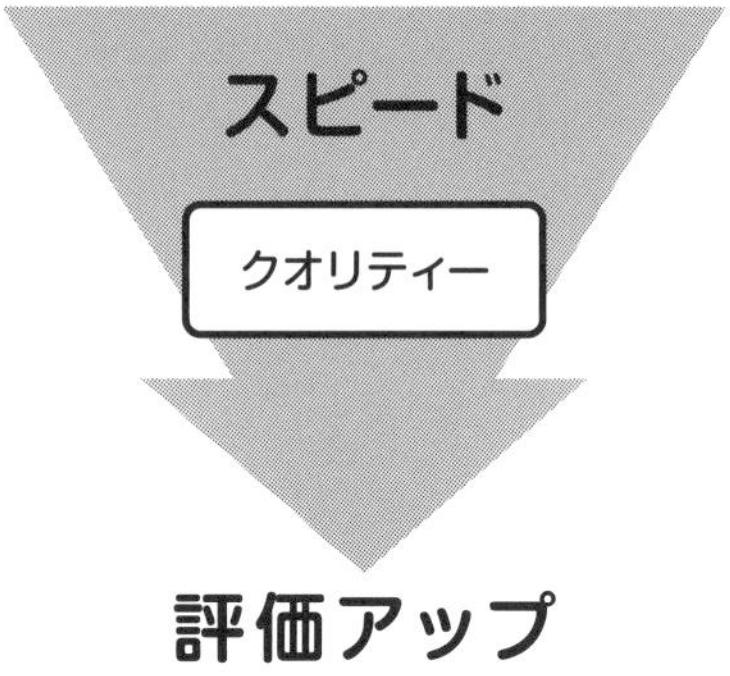

最も重視すべきはスピード
そのうえで最低限のクオリティーも付加

ます。ところが、スピードは万人が感じることです。一カ月後の締切りのものを二日で報告を入れて「速い！」と思わない人はいません。

スピードを重視している人はドンドン捌いているわけではありません。増えた仕事を、ひたすらこなすだけのことを続けていたらいずれ破綻します。**スピードを維持するために、適度に仕事を手放しているのです。不要な仕事、不必要な仕事をどんどん捨てていきます。仕事を減らせば同じ速度でも全体の時間が短縮されますから、スピードアップしていることと同じになるというわけです。**

限られた時間で最高のパフォーマンスを出せるようにしましょう。仕事に絶対はありません。絶対に成功すると思っていた仕事も失敗することがあります。しかし、スピードは絶対に正しいと言えます。スピードが速いことを嫌うお客様も上司もいないと覚えておきましょう。スピードを上げながら相手を自分の流れに引き込んでしまえばいいのです。

ポイント
・仕事は締め切りギリギリではなく、なるべく早く報告する。
・不要な仕事は思い切ってしないという判断をする。
・仕事のスピードの速さは万人が評価するポイント。

09 どんな状況にあっても絶対にNO!とは言うな

議員は有権者から多くの陳情を受けます。陳情については賛否ありますが、議員は「陳情＝票」と考えるのが一般的です。受けるのが基本スタイルではないかと思います。

例えば、選挙区に住んでいるAさんの子供が学校で怪我をしたとします。学校側の管理ミスなのですぐに謝罪を行いました。治療費はすぐに確定しますが慰謝料でトラブルが発生します。というのも事故後、Aさんは子供をタクシーで送迎するようになったからです。学校側から「タクシーを利用する必要があるのか」とチェックが入ります。証明書の提出を求められてAさんは憤慨します。

その後、Aさんは知り合いを通じて国会議員の事務所に陳情として話を持ち掛けます。実はこのような話はよくあります。

また、新聞などでよく目にする、就職あっせんや有名大学の裏口入学について聞いたことがある人もいるかと思います。そのようなことをやっていた秘書はいるかもしれませんが、それは秘書として下の下です。プロフェッショナルな秘書はそのようなことはしません。現在、衆議院は四六五人、参議院は二四八人と規定されていますが、国会議員の事務所がこのようなことをしていたとしたら、モラルを世間から問われることでしょう。

どうやってクロージングさせるか？

たとえ有力な支持者からのお願いであったとしても、そのような違法行為が露見したら有権者からの信頼を落とすだけです。違法行為を隠し通せるほど世間は甘いものではないのです。

しかし、議員としては有力な支持者を無視できないのも事実です。その方が議員を見限ったら票がなくなるからです。そのため、**どのような陳情でも、素直に「わかりました」と答え、お受けするのです。議員秘書としては支持者からあった要望に対しては「是」と答えるのが、議員のイメージを悪くしない唯一の答えだからです。**

もし、支持者が裏口入学を依頼したとしましょう。秘書は「わかりました」とだけ伝えてお

図09　仕事を依頼されたときの心構え

この案件やってみてくれない？
わかりました。やります！

一旦承る姿勢を見せる

▼

あとで断っても「検討してくれたんだ」と相手は感謝する

いて、ほっとくでしょう。違法行為には及びません。その結果、大学に合格できなかったとしても、それでよしとします。ただ、ここからがプロの腕の見せ所です。

議員秘書は支持者の前でこう言います。

「本当に申し訳ございません。今回は私の力不足でした。私の責任でございます」

失意と怒りで満ちあふれている支持者にそう伝えます。「全ては私の一存であり、私の力不足」と言うのです。このようなケースでは、依頼した方も後ろめたい気持ちがあります。そこまで平謝りされれば、たいていは支持者も矛を収めると思います。ただ、それでも怒りが鎮まらないような相手なら、危険性があると考えて、別途、対策を考える必要が出てきます。

これは、陳情に限ったことではありません。一旦は承る姿勢は非常に大切です。即答で「それは無理だから」と断られたら相手はどう思うでしょうか。難しい依頼だとしても一旦承ってから断った方が角が立ちませんし、相手の感情に対しても「検討はしてくれたんだ」という印象を与えられますから失礼には当たりません。

このようなスタンスで取り組むことは、普通の仕事をするうえでも大切ではないかと思います。**意思決定は早い方が良いに越したことはありませんが、それは相手の気持ちを充分に考慮したものでなくてはいけないからです。**

ポイント

・依頼された仕事はまず検討する姿勢を見せる。
・無下に人の依頼を断るといらぬ噂が流れる可能性がある。
・検討した姿勢を示せば相手は気を悪くしない。

10 「価値を伝えるべき」「自分を売れ」の意味と評価されるクロージング

会社員なら誰もが一度は経験するのが「営業」という仕事です。「営業は売り込んではダメ。価値を伝えるべき」と言う人がいます。「商品ではなく自分を売り込め」と言う人もいます。営業研修で習ったトークでしょうか。そんな上司がいたら次のように質問してください。

「価値を伝えるべきの『価値』ってなんですか?」

「自分を売り込めの『自分』ってなんですか?」


営業に必要とされる要点はいくつかあります。いまだに、情熱と気合いを重視する人が少なくありません。元気ではつらつとした印象さえ取り繕えば、その気迫に押され、成約できると勝手な思い込みをしているのです。しかし、その多くは間違っています。

私の経験上、**最も大切なスキルは、「クロージングスキル」です。クロージングとは締結を求めること。**「買いますか？」と選択肢を与えて、「いま、決めてください」とお客様の背中を押すことです。しかしいきなり、押し売りのように「さあ、決めてください」と詰め寄ったりしてはクレームが出るだけです。クロージングは、そこに至るまでの手順を踏むことが必要なのです。

逆に言えば、どんなにいい「説明」をしても、クロージングを掛けていなければ、よほどのことがない限り契約には至りません。

「自分を売り込め」の「自分」とは

また、人は「価値」を感じる前に「価格」に意識が行ってしまうと、イマジネーションがしぼんでしまい「お金がもったいない」という感情が出てきてしまいます。

例えば、あなたは車を買おうとディーラーを回っています。ある車を見つけました。若い女性に大人気の車としてメディアで紹介されているモデルです。あなたはシートに座ります。「この車に総務課のA子さんを乗せたいな」「この車に乗ったらモテそうだ」。妄想したあなたの脳

図10　商品説明の理想的な順番

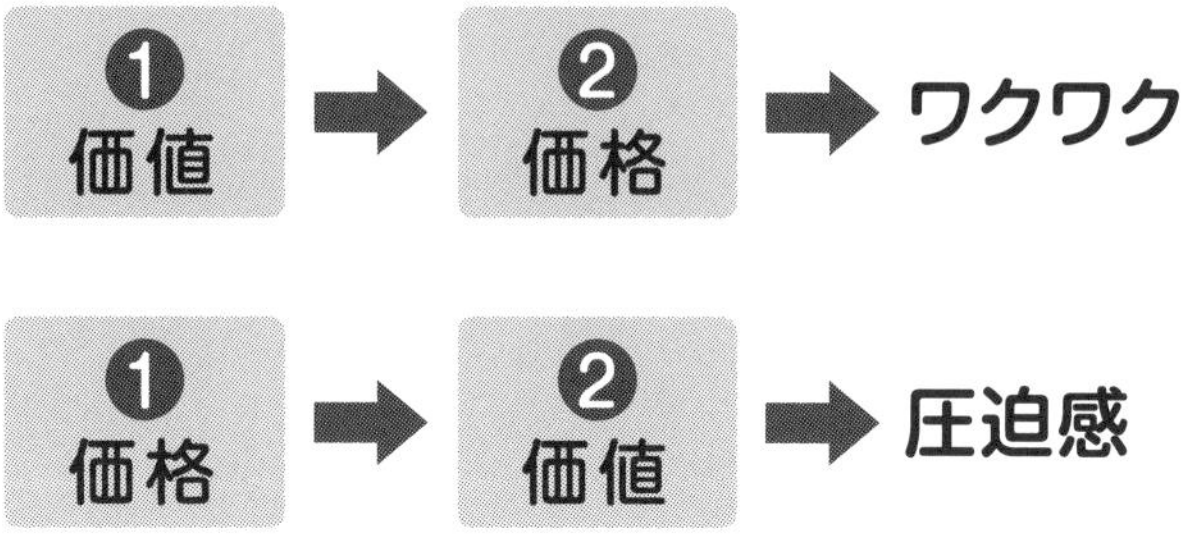

価値を先に感じたほうが人は欲求に素直になる

内にはドーパミンがあふれます。値段を見たら、予算より高いことを知りました。

この流れだと、あなたは「厳しいけど、ちょっと無理したら買えるかな。一番下のグレードにしてオプションを装備しなければいけるかも」と、どうやったらそれが買えるか考えるようになります。しかし、先に値段を見たらこうはならないでしょう。

結果的に、価値を先に感じたほうが、より自分のワクワクした気持ちに素直に向き合うことができます。つまり、幸せな気持が大きくなります。

多くのスキル本には「営業は自分を売り込め」と書いてあります。営業にとって商品を売り込むのは初歩です。それと比べれば自分を売り込むことは一歩進んでいると言えます。しかし買う側からすれば、営業が魅力的か専門性がない限り、最初から「あなたから買います！」とは思いません。そんなことよりもはるかに買う側に興味を持たせられる方法があります。

それは、商品にお客様自身を投影させることです。誰もが最も関心があるのは自分のこと。集合写真で最初に探すのも自分の顔ではありませんか？

あなたが、研修会社の営業だったとしましょう。大手企業であれば既に競合他社を含めてかなりの商品が導入されているはずです。プレゼンであなたが「研修の優位性」について一生懸命に説明しても採用されることは難しいでしょう。

私なら「この研修を導入したB社のC部長は高い評価をされて半年後に人事担当役員に就任しました」「この研修の導入は業界では初めてのケースになるので注目されるはずです」等、買う側が自分に投影しやすい話をすると思います。

私は世界五〇カ国に展開する研修会社で一位の売上を記録したことがあります（とはいっても、日本が全世界の五〇％以上のシェアだったので、日本一位＝世界一位だったのですが）。

あらゆる業態の会社に営業を掛けましたが、**私の営業の成功率が高かった理由は、買う側に合わせた営業スタイルだったからだと思います。業界の動向、うかがう先の業界での立ち位置、担**

当者の雰囲気や考え方……。アンテナを張って、調べられることは調べて、買う側の立場になって交渉をしていました。

営業スキル向上に正解はありませんが、ご自分のスタイルを確認されてはいかがでしょうか。

ポイント

・営業で最も大切なスキルはクロージング。
・人は価値を価格よりも先に感じさせることで興味が湧く。
・「自分を売り込む」より商品にお客様自身を投影させるのが営業のコツ。

11 根回しに最も時間を掛けなければならない

物事に根回しは付きものです。

日露戦争の際に、伊藤博文が当時の米大統領、セオドア・ルーズベルトのもとに金子堅太郎を向かわせて、アメリカに講和の仲介をしてもらえるように「根回し」をさせました。金子とルーズベルトはハーバード大学の同窓生でした。国の政治が力を発揮する戦争問題においても根回しが有効であることの証明といえるでしょう。

また、リチャード・ニクソンが一九六〇年の大統領選でジョン・F・ケネディに敗れて失意のどん底のときに、元首相の岸信介が、弁護士として活動していたニクソンを日本に招いて顧問先を紹介するなど厚遇したことがありました。のちのニクソン政権は、日本政府から何度も要請のあった沖縄返還を承認します。時の首相は、岸の実弟の佐藤栄作でした。厚遇したことが沖縄返還につながったわけではなく、それをきっかけに、ニクソンと密接な関係を築くことができ、根回しを十分にできたという一例です。

根回しの目的とは、単なる調整役ではありません。企業であれば、人事や異動に関すること、合併や事業閉鎖などリストラに関するような内容は、突然切り出されるとインパクトが大きくなります。そのため、根回しをせずに実行すると猛烈な反対に遭って混乱をきたすことがあります。

影響を最小限にするために、根回しが必要になるのです。ただ、ビジネスの根回しにはそれなりの手間と時間が必要です。企業への影響を最小限にするためには、手間や労力は必要コストと考えなくてはいけません。

根回しは日常的な依頼にも有効です。会議の前にキーマンとなる人物に根回しをしておくとスムーズに進みます。会議で誰も知らないことをいきなり話しても、すぐに判断できず、了承してもらえないことはよくあります。会議の参加者はキーマンの意見を重視するので、キーマンがメンツを潰されたと思い反対すれば、その案は間違いなく流れるでしょう。

根回しは外部に企画を提案するなどのプレゼンの際にも有効です。紹介する内容を、会議に

図11 根回しが集団の意思決定に有効

出席する人にあらかじめ話をして賛成票を集めておけばいいのです。その人がキーマンならなおよいでしょう。事前に根回しをすれば、外部の企画提案を主導することができます。日本の社会で、完全に公平な提案の機会など存在しません。根回しを拒否されたとしたらかなり分が悪いと思った方がいいでしょう。

根回しの落としどころやシナリオは事前に用意して流れに乗せてしまうことが理想ですが、それには観察力を養う必要があります。そこで、観察力を鍛える簡単な方法があります。

観察眼も鍛えることで、一つのシーンからとてもたくさんの情報を得ることができます。身に付けておいて損することはありません。

職場の飲み会の幹事を引き受けよ

私は、すぐにできる方法として、職場の飲み会の幹事をおすすめします。**幹事は、雑にやれば誰にでもできますが、本気でやるとそれなりの能力を求められます。**職場の飲み会で参加者の日程調整をするのは、ちょっとした規模の会議を運営するよりも難易度が高いからです。

幹事の仕事は結構な手間が掛かります。「エアコンが効き過ぎない個室がある」「喫煙と禁煙の割合が半々」「イタリアン専門店だが焼酎が置いてある」「フレンチだけどお箸が置いてある」等、様々な意見を聞いて集約しなければいけません。予算や料理等ニーズにあったお店のチョイスは当然のこと、日頃からの職場での観察力が大切になるのです。Aさんと Bさんは仲良くないから、席は少し離しておこう。そういえばCさんがD課長と話したがっていたな。職場でのちょっとした目配せを発揮して、きめ細かい対応をしておくことも大切です。

また、乾杯・挨拶の人選や事前の根回し、お店との交渉、お金の徴収、余興などの企画・実施を取り仕切るなど。ヒト、モノ、カネ、情報を自らの判断でコントロールしながら、参加者の満足を得なければいけません。**飲み会はビジネスの縮図とも言えます。**

観察力を高めるために、飲み会の幹事を引き受けてみてはいかがでしょうか。慰労会やキックオフミーティングなどの社内イベントも新人に任せてはもったいないことです。学習の機会と捉えて、あなた自身がミッションを遂行することをおすすめします。

ポイント

・ビジネスで物事を円滑に進めるためには根回しが重要。
・根回しを覚えるには観察力を鍛えるべし。
・観察力を向上させるには、飲み会の幹事を引き受ける。

12 間違いを指摘されたら解釈の問題だと突っぱねろ

政治家は多少の間違いであれば、前言を撤回することをしません。もし非難を浴びたとしても「解釈の違い」だと言い放ちます。最近の事例を振り返ってみましょう。

二〇一六年、都知事選に出馬した小池百合子（現都知事）の「築地は守る、豊洲は生かす」という公約は物議を醸しました。築地は「五年をめどに食のテーマパーク機能を持つ一大拠点に再開発する」という内容でしたが、都の有権者は築地から豊洲への移転を中止すると捉え、その後、議会は反発して豊洲移転は紛糾し、審議は一時ストップしました。結果はご存じの通り、豊洲に移転することになりました。

横浜市の林文子市長はカジノなどを含むＩＲ＝統合型リゾートの誘致を正式に表明しました。

しかし、かつて市長選で白紙を公約にしていたことから、誘致表明に転じた市長に市民が反発します。記者会見で公約違反を指摘されますが、林市長は記者の発言を一蹴しました。

中野区長選挙では、中野サンプラザの解体問題が争点になりました。解体を主張していた前区長が敗れ、計画の全面見直しを訴えた酒井直人新区長が誕生します。ところが三カ月後、酒井区長はサンプラザの解体を進めると発表します。見直しは解体しないことではないと主張、サンプラザを残すという意味は「名前を含めて残す意味」だと説明して反発を受けますが、公約の撤回はしませんでした。


政治家が言葉を使い分けること、これは大切なスキルです。しかし、有権者が裏切られたような印象を残すことは好ましくありません。言葉の解釈で押し切っても周りは納得しないでしょう。それでも政治家は前言を撤回することはしません。

なぜでしょうか。

間違いを認めることが潔さや謙虚さではない場合があるからです。傲慢や周囲の意見を聞かないというものではなく、「こんなのは失敗ではないし間違いではない」と思っているからです。

間違いを認めることで、バッシングをされる方がリスクなのです。

政治家が公約を撤回（実際には撤回という言葉は使いませんが）する際のお決まりのパターンがあります。この際に、政治家が押えておくポイントは二つあります。

一つ目は、社会情勢が刻々と変わるなか適切な措置を取ったこと（↓だから撤回ではない）。

二つ目は、今後も引き続き検証していく（↓だから撤回ではない）。

政治家にとって公約は有権者との約束になりますから簡単には撤回できないのです。これはビジネスに置き換えてみるとよくわかります。

解釈の違いとはどういうことか

例えば、社長が管理職を会議室に集めたとしましょう。会議の席では売り上げを改善する「営業力強化」の方針が社長から出されました。一カ月後の会議ではコストが増えているので「コストを圧縮」の方針が出されました。その翌月の会議では利益確保の秘策として商品の「単価アップ」の方針が社長から伝えられました。

あなたが管理職なら社長の方針をどのように理解しますか。あなた以外の管理職は、「社長は方針はすぐにブレる」と不満たらたらです。

会社や組織で、上位の立場の人の発言がブレることは好ましくないとされています。部下が

お買い求めいただいた本のタイトル

■お買い求めいただいた書店名

（　　　　　　　　　　）市区町村（　　　　　　　　　　）書店

■この本を最初に何でお知りになりましたか

□ 書店で実物を見て　□ 雑誌で見て（雑誌名　　　　　　　　　　）
□ 新聞で見て（　　　　　　　新聞）　□ 家族や友人にすすめられて
総合法令出版の（□ HP、□ Facebook、□ twitter）を見て
□ その他（　　　　　　　　　　）

■お買い求めいただいた動機は何ですか（複数回答も可）

□ この著者の作品が好きだから　□ 興味のあるテーマだったから
□ タイトルに惹かれて　□ 表紙に惹かれて　□ 帯の文章に惹かれて
□ その他（　　　　　　　　　　）

■この本について感想をお聞かせください

（表紙・本文デザイン、タイトル、価格、内容など）

（掲載される場合のペンネーム：　　　　　　　）

■最近、お読みになった本で面白かったものは何ですか？

■最近気になっているテーマ・著者、ご意見があればお書きください

ご協力ありがとうございました。いただいたご感想を匿名で広告等に掲載させていただくことがございます。匿名での使用も希望されない場合はチェックをお願いします□
いただいた情報を、上記の小社の目的以外に使用することはありません。

郵便はがき

料金受取人払郵便

日本橋局
承認

7004

差出有効期間
2021年9月
29日まで

切手をお貼りになる
必要はございません。

103-8790

953

中央区日本橋小伝馬町15-18
ユニゾ小伝馬町ビル9階
総合法令出版株式会社 行

本書のご購入、ご愛読ありがとうございました。
今後の出版企画の参考とさせていただきますので、ぜひご意見をお聞かせください。

フリガナ お名前	性別 男・女	年齢 歳
ご住所 〒 TEL　（　　）		
ご職業　1.学生　2.会社員·公務員　3.会社·団体役員　4.教員　5.自営業　6.主婦　7.無職　8.その他（　　）		

メールアドレスを記載下さった方から、毎月5名様に書籍1冊プレゼント！

新刊やイベントの情報などをお知らせする場合に使用させていただきます。

※書籍プレゼントご希望の方は、下記にメールアドレスと希望ジャンルをご記入ください。書籍へのご応募は1度限り、発送にはお時間をいただく場合がございます。結果は発送をもってかえさせていただきます。

希望ジャンル：☐ 自己啓発　☐ ビジネス　☐ スピリチュアル

E-MAILアドレス　※携帯電話のメールアドレスには対応しておりません。

図12　解釈の違いで行動が変わる

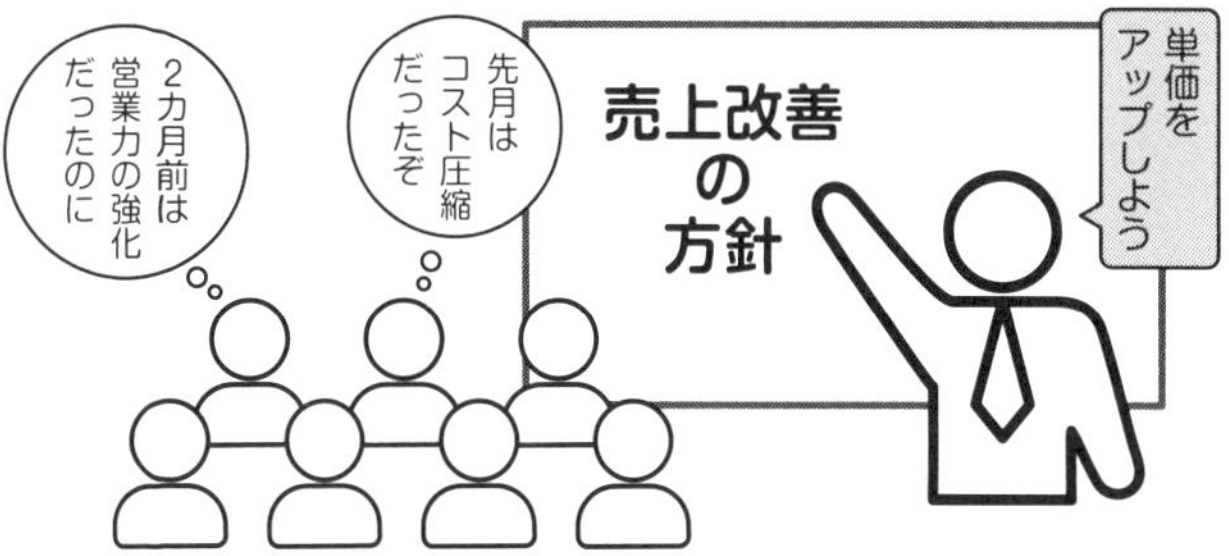
2カ月前は営業力の強化だったのに
先月はコスト圧縮だったぞ
売上改善の方針
単価をアップしよう

一見方針が変わって見えるが、経営改善という軸はブレていない
▼
賢い人は方針が変わっても動じず柔軟に対応する

混乱するからというのが理由です。船頭の進む方向性が頻繁に変わってしまったら部下は不安を感じてしまいます。だから、ブレてはいけないということです。

ところが、方針が変わらない社長もいなければ、上司もいません。もしあなたが同じように、「社長は方針がすぐにブレる」と思っていたら、会社での出世は難しいでしょう。考えてみてください。「営業力強化」「コストを圧縮」「単価アップ」のいずれも、**経営環境を改善させる施策として必要なものです。そう考えることができれば、社長の方針は「ブレていない」ことがわかります。あなたにとって必要なことは、社長の指示を理解して柔軟に対応することなのです。**

ポイント

・「間違いを認めることが謙虚」ではない場合もある。
・ビジネスにおいて方針が変わらない人はいない。
・上司の意図を理解して柔軟に行動することが出世の早道。

13 小さくてわかりやすいエピソードを用意しよう

ビジネスで、相手に「デキる人」だという印象を残すには、どうすればよいでしょう。得手不得手があると思いますが、**何かを急にお願いされても、平然と対応できれば、あなたの印象はアップするはずです。**

いま、あなたは取引先のパーティに参加しています。社長が気を使って参加者を紹介し始めました。あなたも、壇上に上がるように言われました。急な依頼をされても適切に対応ができれば、多くの人に良い印象を与えられます。どんなことにも動じず、うまく対応できることはビジネスではとても大事です。そこで必要なのは準備と工夫です。

私は、三パターン程度の挨拶を引き出しにしまってあります。それは、二〇秒、一分、三分の三つです。事前に鉄板ネタを準備しておけば鬼に金棒です。話が上手い下手の差はあるかもしれませんが、コツは堂々とした振る舞いをすること。

サラリーマンであれば、入社時、転職時、昇進時など、自己紹介の機会が数多くあります。二〇秒のパターンは、初めて参加する会議などで、自分は何者で、なぜその場にいるのかを簡潔に伝える内容の自己紹介になります。時間は短いですが、相手へのメッセージは言葉以外でも伝わります。目線、声、身振り手振りなどのノンバーバルな要素を上手く使いましょう。

一分というのは、朝礼の挨拶、会議などで自己紹介を求められたとき、プロジェクトのメンバー同士が顔合わせをするとき、外部の会合などの場面に該当します。このような場面では、会社名、氏名、担当業務や職責などの基本情報をまとめます。一分以内で簡潔に伝えられるように時計で計ってみましょう。割と多くのことを伝えられるものです。

三分程度というのは、ちょっとした会合でのスピーチが当てはまります。それなりの時間を掛けてストーリーを構成した方がよく、自分なりの鉄板ネタを盛り込んでいた方がいいでしょう。自分を理解してもらうためのエピソードがあるとより印象に残ります。

ネタ自体は誰もが共感しやすいわかりやすいものであれば構いません。

三重県出身の人であれば「伊勢神宮で有名な三重の出身です。伊勢神宮には一般的な神社で

図13 鉄板エピソードは3パターンを用意する

時間	シーン	内容
20秒	初参加の会議など	所属と氏名、簡単な意気込みなどを話す。時間が短いので目線や声、身振り、手振りの要素もうまく使う。
1分	朝礼の挨拶、外部の会合など	会社名、氏名、担当業務や職責などの基本情報をまとめる。一緒に仕事したいと思わせる自分の強みを加えるとグッド。
3分	会合でのスピーチなど	自分を理解してもらうための具体的なエピソードを用意しておく。時事問題やビジネスの分野で相手が興味を持ちそうな話をする。

はよく見かける『おみくじ』がありません。理由をご存知ですか? 日本の総氏神『天照大御神』がいるので、吉凶を占うおみくじは必要ないということです。また、無事に詣でることが出来たこと自体が幸運だと言われているからです。本日はよろしくお願いいたします」

または、参加する場所にプロフィールを合わせる方法もあります。以前、私が名古屋で行われた会合に参加したときには次のような挨拶をしました。

「尾藤という名前は、藤という字が付いているので藤原氏の末裔といわれています。由来は、尾張藤原氏が語源になっています。尾張、つまり名古屋と関係性が深いのです。皆さんの周りにも、尾藤という苗字は多いのではないかと思います」

このように説明をされると「なるほど」と思うわけです。名前に限らず、時事ネタ、ビジネス分野で、相手が興味を持ちそうなエピソードを披露したら印象に残るはずです。

エピソードは好印象にまとめる

エピソードをまとめたら、それを上手く伝えなくてはいけません。これは話し方そのものより自分の実像がどのように伝わっているかを可視化した方がいいと思います。おすすめしたいのは、録画です。現在は、スマホで簡単に撮影ができます。自分の姿を撮影して、仕草やトークなどをチェックするようにしてください。意外に身振りが大きくて落ち着きがなく見えることもあります。一度見れば、直すところもすぐわかります。

人の思い込みは勝手なもので、最初の数秒であなたの印象を決定付けてしまいます。だったら好印象を与えた方が得策です。話し方のポイントは、断定系と体言止めは避けることです。以前、小泉元首相は貴乃花が優勝した際に、「痛みに耐えてよく頑張った。感動した」、郵政民営化法案の際には「自民党をぶっ壊す」と言いました。政治家という立場なので有権者から好意的に受け止められましたが、一般人が使えるトークではありません。どうしても高圧的に見えてしまうからです。

ポイント

・自己紹介はビジネスで最も大事なテクニックの一つ。
・時間別の三パターンの自己紹介を用意しておく。
・スピーチの場では断定や体言止めの言い方は避ける。

14 ライバルは満面の笑みでスポイルしろ

政治の世界でトラップは当たり前です。公認を取り付けたり、選挙区の区分けで有利にコトを進めるためには、相手を陥れるためのトラップが必要になる場合があります。

政党を企業と考えるなら、所属議員は社員みたいなものです。企業でトラップを仕掛けられるのは管理職以上のはずです。上のポストが少なくなるにつれて競争が激化するからです。政治家も同じです。当選一回生や地盤が確立されていない新人にトラップを仕掛けることはないと思います。当選回数を重ねて委員長ポストや大臣ポストが届くキャリアになり、新聞等で名前が挙がるようになるとそれを妬む人が増えてきます。図式は、サラリーマンと似ているかもしれません。

もし皆さんが管理職なら十分に注意しなくてはいけません。例えば社内で、社長肝いりの新しいプロジェクトが立ち上ったとします。あなたはそのプロジェクトメンバーにアサイン(任命)されました。あなたの上司(課長)からは次のように指示をされました。

「やり方は君に任せたから。期待しているよ」

一見、トラップには見えないかもしれません。ですが、上司から、このように指示されたらトラップの可能性が高いのです。

「やり方は君に任せたから。期待しているよ」

私の経験上、「やり方は君に任せたから」は最初から責任転嫁していることと同じです。結果的に期待通りの成果が挙がらなかったとしましょう。あなたの上司である課長が、部長に説明するときにはどのような内容になると思いますか?

課長:彼にやり方を一任していました。詳細についてはわかりませんが、成果が上がっていないとしたらそれは申し訳なく思います。すべては私の監督責任です。

部長:せっかく、君が自由にできるように指示したのにとんでもないヤツだな。社長にも報告しなくてはいけないからすぐに報告書を作成してくれたまえ。

図14　社内トラップと防止策

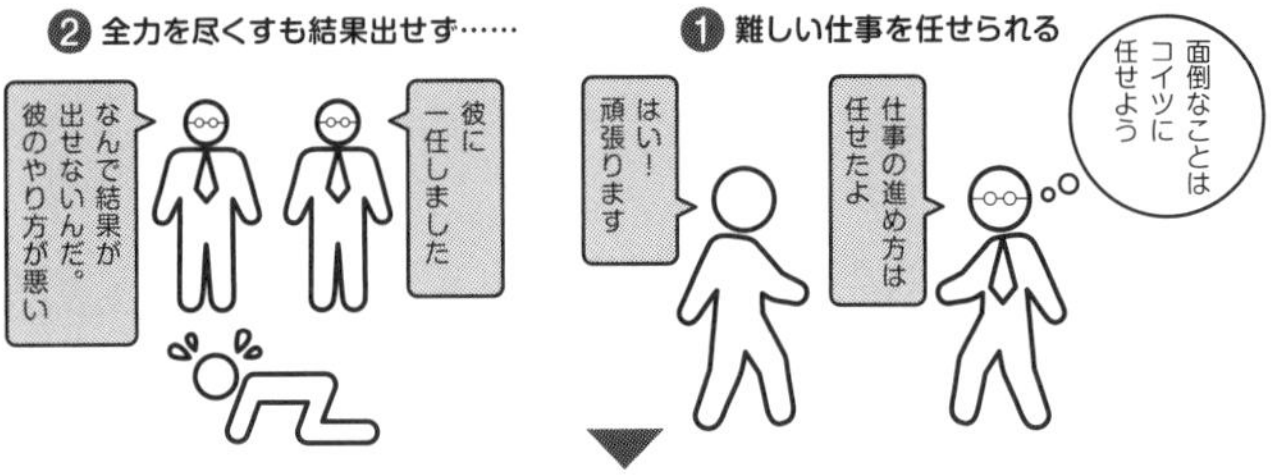

❶ 難しい仕事を任せられる
面倒なことはコイツに任せよう
仕事の進め方は任せたよ
はい！頑張ります
❷ 全力を尽くすも結果出せず……
彼に一任しました
なんで結果が出せないんだ。彼のやり方が悪い

こうならないためには

仕事を受ける前に上司にとって自分は有能かどうか判断

Q↓ 優良案件の可能性大 ↓ 引き受けて成果を出す

Q↓ トラップ案件の可能性あり ↓ 「お受けできません」と断る

会社員はまず自らの保身を考えます。あなたはどうすればよかったのでしょうか。上司に「任せる」と言われたら、上司が期待している「任せる」を具体化する必要がありました。

確認すべきポイントは「5W1H」です。そんなことを知ってるよ！と思われるかもしれませんが、情報の伝達にミスが生じるのは「5W1H」ができていないからです。When（いつ）、Where（どこで）、Who（だれが）、What（なにを）、Why（なぜ）、How（どのように）の六つを明確にしなければいけません。

詳細を確認することがあなた自身の立場を守る

ところが、ほとんどの場合、上司に「5W1H」の確認ができません。上司にあれこれ質問していたら能力が低いと言っているようなものだ――そのように考える人もいると思います。では、最初になぜ自分にその仕事が振られたのかを考えてみてください。上司もミスをしたくないのです。一方で手柄や成果は大いにアピールしたいものです。なぜ、話があなたに回ってきたのでしょうか。

会社の体質にもよりますが、日本企業の場合、評価はほとんどが減点方式です。仕事のミスは昇進昇格、キャリアに影響を及ぼします。社員からは、チャレンジング意識は欠落していきます。失敗をしないような仕事ばかりをやるようになり、安全思考に陥ります。上司は思ったはずです。「社長の肝いりプロジェクト？　面倒なことやりやがって」と。

自分にとって有能な部下、大切な部下には、トラップの危険性がある案件は振れません。その部下がいなくなって困るのは上司です。守らなくてもよい部下、どうでもいい部下に振るはずです。それが最大のリスクヘッジにつながります。**あなたは上司からどのように評価されていますか？　すべてそこに帰結するはずです。**上司の責任逃れとして使われそうなら「お引き受けできません」と明確に拒否してください。明確な意思を表明すれば、上司も諦めてターゲットを変えるはずです。**貧乏クジを引くのはあなたでなくてもよいのです。明らかな危険を回避するのはビジネスパーソンの仕事術の一つです。**

ポイント

- 管理職以上はトラップに掛けられることが多い。
- 上司は面倒な仕事を有能な部下には振らない。
- 新規の仕事を振られたときは上司の自分に対する評価を考えてみる。

15 忙しいときこそ一旦立ち止まっていまの仕事を整理しよう

「走りながら考えろ！」という言葉を耳にしたことがある人は多いと思います。

一九九〇年以降、ベンチャーの経営者がスピード感を持って経営することをことさら力説するようになりました。スピード感を持って決定し行動することは大切ですが、「二兎を追う者は一兎をも得ず」との諺があるように、異なる二つのことを進めることは簡単ではありません。

特に、タスクの要件が大きいほど難易度はアップします。そのため内容を検証する必要があります。私自身、「走りながら考えろ！」は耳にタコが出来るくらい聞かされてきました。それを正しいと思って実行した時期もあります。ですが、**「走りながら考えることはリスキーである」と断言しておきます。マルチタスクを抱えたら情報や状況の整理のために一旦立ち止まる**

必要があります。

仕事のタスクの優先順位や時間の配分を考える際には、日々変化する状況に合わせて仕事の方向性も変化させる必要があります。そのためにはゆとりを意識しながら仕事を進めることが大切です。タイムマネジメントは登山に例えるとわかりやすいかもしれません。山登りの途中で道に迷ったら、歩きながら考えてはいけません。まず立ち止まることでしょう。立ち止まり、コンパスを取り出して、自分がいる場所、目的地を再確認します。その上で、目的地にたどり着くために最も効果的な方法を見つけ、再び歩き出すことが最善の策です。

立ち止まることの本当の意味とは

日々の仕事でも、忙しく働いているときに、新しいアイデアを思い付く、なんてことはそんなにはないはずです。いいアイデアが出てくるのは、ほっと一息した瞬間、コーヒーを飲んでくつろいでいるときや、お風呂に入っているときなど、気持ちが和らいでいるときだと思います。この「ゆとり」が素晴らしいパフォーマンスのためには必要なのです。確かに行動は重要です。行動がなければ、結果は出ません。ですが、間違った方向へ行動してしまったら、その時間はムダになります。動く前に、何をやるのか、それは目的にかなっているのかをじっくり

図15　タイムマネジメントの考え方

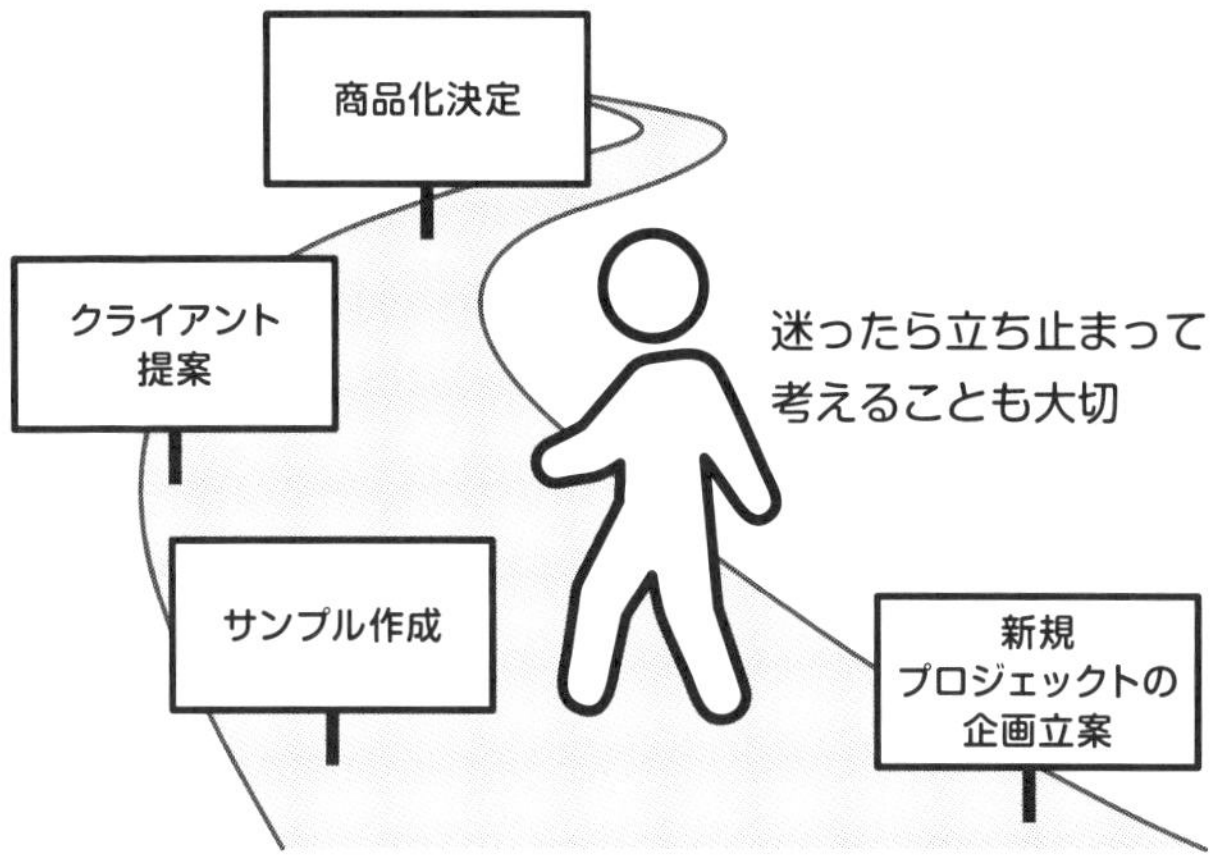

考えることが重要です。

私のビジネス経験を振り返ると、「先のことを考えなくてはいけない」「しっかりとした計画を立てなくてはいけない」と思ったことはなく、実際には中長期な計画はあまり立てたことがありません。中長期の目標を綿密に立てることによって「計画倒れ」の状態になってしまっている状況をたくさん目にしてきたからです。

先ほど述べたように、最近のビジネスシーンでは、複数の仕事を同時に進めるマルチタスクが当たり前になってきています。計画倒れにならないように細かく立ち止まり、確認しながら進めることが大切です。当たり前だ、という人がいるかもしれませんが、中にはかなり量の仕事を背負わせて休むことを許さない会社もあります。そういう人こそ、立ち止まることが大切です。

営業であれば、クライアントに片っ端からアプローチして、解決しようとするのではなく、売上や利益率、継続率や担当者の相性で優先順位を決めて、その順に進めていくのが最適でしょう。コスト圧縮であれば、どの順番でいけばダメージが少なく、納得を得られやすいかなどを、立ち止まって考えることです。一旦立ち止まって考えることは、決してムダではないのです。

さらに、ここで一つ言えることは、闇雲に先のことを考えるのではなく、**目の前に集中する方が格段に得策だということです。先が見通せる人は構いませんが、まずは見える範囲のことを立ち止まって整理することです。**その上で、しっかりやり切ることにフォーカスしなければいけません。

ポイント

- マルチタスクを抱えたら一度手を止めて整理する。
- 中長期的な計画は実際のところあまり有効なではない。
- 闇雲に先のことを考えるのではなく目の前に集中することも大事。

第3章

相手をうまくたらしこむ人間術を覚える

16 上司の武勇伝こそ時間をかけてたっぷり拝聴

ある調査によると、武勇伝を語る上司は「嫌な上司の特徴」の上位にランキングされています。上司の武勇伝は過去の自慢話ですから、そもそもニーズが存在しないでしょう。部下は、そんな話を聞きたくないというのが主な理由でしょう。**ところが上司の武勇伝を聞くことは、上司との人間関係を良好にして仕事を円滑にさせる効果が期待できます。デキるビジネスパーソンの多くは耳を傾け、役立ちそうなエッセンスを吸収しています。**

上司には、過去の栄光があるものですが、それを聞くだけで、上司からの評価はアップしていきます。ですが、いきなり「課長、武勇伝を聞かせてください」では全く芸がありません。この聞き方では直球すぎて相手は戸惑ってしまいます。中には上司の武勇伝を聞きたくて仕方がない、という人がいるかもしれませんが、ここで大事なのは、上司の自分に対する評価を上げるためのテクニックです。効果的な聞き方を考えなくてはいけません。

このような聞き方をしてみてください。

「課長、本日、丸の内にあるM商事を訪問しました。感触は悪くなかったはずなのですが商談が流れてしまいました。課長は営業のスペシャリストだったと、部長から聞いたのですが、今後の参考のためにご指導いただけないでしょうか？」

ポイントは二つあります。一つ目は、課長の上司に当たる部長の意見であることをさりげなく伝えていること。二つ目は、「今後のためにご指導いただけませんか」と伝えている点です。こう聞けば、課長も悪い気はしません。あなたのリクエストを快く受けてくれると思います。「ご指導いただけませんか」だけではなく、自尊心をくすぐる要素が入っているとより効果的と言えるでしょう。

「上司！　教えてください！」という定型パターンは使い勝手がいいので覚えておきましょう。いくらでも応用が利くからです。例えば、今月の営業目標が未達成で責任を追及されそうな場合などにも当てはまります。

「課長、今月は目標未達成で申し訳ございません。そこで教えていただきたいことがあります。

図16　上司と信頼関係を築くコツ

上司から学びたい姿勢を示す

自分に足りないものは何でしょうか。課長にビシっと言ってほしいのです。今からでも、足りない部分を改善して、最後まで気合を入れて頑張ります！」

部下がこんなアピールをしてきたら、上司として悪い気はしないはずです。つまり、「自分は頑張っています」「課長から学びたいのです」と主張することが大切なのです。

仕事を進める上で上司との良好な関係は絶好の潤滑油です。上司に媚びへつらうのは我慢ならない、自分の道を進みたいと思うこともあるかもしれません。しかし、考えてみてください。あなたはその上司のことをどこまで知っていますか。武勇伝に耳を傾けているうちに、どんな人となりかがわかるはずです。強面、弱腰などの一面的な顔だけでなく、魅力的な別の顔も見えてくるかもしれません。そうすれば、上司とより良好な関係を築くことができるでしょう。それはビジネスパーソンとして決して損なことではありません。

定型句にして覚えておくと便利なフレーズ

ここでいくつか定型句のパターンを紹介しておきましょう。

◆自分が失敗したときは「すみません」＋「自分のせい」＋「教えてください」

「すみません、課長。今回は私の不注意でこんな事態を招いてしまいまして。課長はこんなとき、どんな対処をしてきたんですか。教えてください」

◆お酒の席でアピールしたいときは「うまくいかない」＋「持ち上げる」＋「教えてください」

「私はどうも最初の一言がうまくいかないんです。営業マンとして名高い課長に、今度教えを乞いたいんですが！」

◆上司が得意げに何かを自慢したときは「さすが」＋「自分はダメ」＋「教えてください」

「課長、さすがです！　僕なんかまったくダメです。今度、みっちりコツを教えてください」

ちょっとしたコツをつかめば、こういったお世辞は立て板に水のように簡単に口から出てくるものです。アレンジして覚えておきましょう。

ポイント

・デキるビジネスパーソンは上司の武勇伝を熱心に聞く。
・過去の栄光を聞くことで上司の評価は上がる。
・「教えてください」の定型パターンを覚える。

17 心理学テクニックは諸刃の剣 利用は慎重かつほどほどに

ウィンザー効果をご存知でしょうか。**第三者からの情報の方が、直接伝えられるよりも影響が大きくなるという心理効果のことです。**

Aパターン

鈴木部長から、「オレはいつもお前のことを気に掛けているぞ！」と言われました。

Bパターン

総務の女性社員から、「鈴木部長はいつもあなたのことを話しているわよ」と言われました。

事実は同じでも印象がまったく異なります。Ａパターンの場合は「だからなに？」と思うかもしれません。Ｂパターンは「鈴木部長がそんなに気に掛けてくれていたんだ」という気持ちになります。この手法は皆さんが普段から利用しているサービスにも活用されています。

飲食店を探すときに「食べログ」など、グルメサイトの評価を意識してお店を選ぶことはありませんか？　自分で「ウチのお店は美味しいよ！」と言われるよりも、利用者に「あそこのお店うまかったよ！」と言われる方が信頼度が増します。

グルメサイトは口コミのみで評価されていますから、お店を選ぶ際の重要な基準になるわけです。他にも、Ａｍａｚｏｎ、楽天も仕組み自体は同じです。レビューの評価を見て利用者は選ぶことができます。

このウィンザー効果は、企業内における人間関係を良くする方法や、恋愛のテクニックとして知られています。ところが、本人にしか届かない話であれば好意的に受け取られるものが、皆がウィンザー効果を狙って伝言ゲームを始めるととても滑稽になってしまいます。

上司がメンバーを鼓舞しようと、良い噂を人づてに流して、最初は好意的に受け取られていたものが、それが自作自演でウィンザー効果を狙っていることがバレてしまったら一気に信頼をなくしてしまうでしょう。逆に部下が上司に気に入られようと、片っ端から役職者に対してウィンザー効果を多用したら、品のないゴマすりになってしまいます。ウィンザー効果に限らず、自分を良く見せようと、心理学テクニックを利用する人がいますが決して簡単なことではありません。

その点、政治家は心理学テクニックを使いこなす達人だと思います。わざとらしくではなく自然な振る舞いとして対応できるからです。

大正時代の総理大臣、原敬のエピソードを紹介しましょう。

毎日、彼のもとには大勢の人が面会に訪れます。朝一番の面会人には必ず次のように語ったといわれています。

「君の話は、いの一番に聞かねばならんと思ってね」

そして、一番最後まで待たせた客には次のように語り掛けました。

「君の話はゆっくり聞かなければならないと思って、最後まで待っていただいたよ」

客人も、順番に会っていることは知っていましたが、総理にそのように言われたら悪い気はしません。「あなたは特別な存在」と思わせるような気遣いが上手かったので、原敬は人気がありました。

心理学テクニックはビジネスには向かない

ウィンザー効果は、利害関係のない第三者からの情報は、対象への不安感を取り除いてくれます。**しかし、別の怖い一面もあります。**それを紹介しましょう。

恋愛に置き換えて考えてみます。あなたは同じ会社のAさんに好意を寄せています。Aさんは堅実な人が好きだという話を聞いたあなたは「自分は貯金もある。倹約家だ」と友人に言い回り、Aさんの耳に届くことを期待します。Aさんの耳にこの件が届きました。しかし、その時、倹約というイメージは金欠で貧乏にすり替わっていました。

「悪事千里を走る」ではないですが、悪い噂ほど尾ひれが付き、驚くスピードで拡大していきました。ウィンザー効果で人づてにあなたの悪い噂を耳にしたAさんは、結局あなたと距離を置くようになりました。

ウィンザー効果だと、情報がどう伝わるかをコントロールできません。ウィンザー効果に限らず心理学のテクニックを使って自分の評価を上げたいと思っているなら、それは諸刃の剣であることを自覚しておきましょう。

その点、政治家は心理テクニックを巧みに使います。それは自分の評価を上げるのではなく、

図17　心理学テクニックを使い過ぎると危ない

人を選別するのに使います。

「馬鹿」という言葉の成り立ちをご存知でしょうか。秦の時代、官位の高い趙高と言う人物が皇帝に献上するための狩りの帰りに「珍しい馬が手に入った」と鹿を連れて来ます。そこに居た多くの家臣は鹿とわかっていても、指摘すれば恥をかかせることになりますから何も言いませんでした。

後でこっそり、趙高に「もしかしたら鹿ではないかと思うのですが」「もし鹿を献上してしまったら恥をかいてしまいます」と、耳打ちしてくるものは忠誠心の高い家臣として優遇されました。一方で、趙高の悪口を言ったり馬鹿にしたものは処断されました。

すべて趙高のトラップでした。家臣を見定めるためにそのような芝居を打ったわけです。小手先のテクニックを使い過ぎると策に溺れることがあります。小手先のテクニックではなく、**人間関係の構築は自然に振舞った方が間違いないと思います。**

ポイント
・心理学のテクニックを使うなら簡単な「ウィンザー効果」がおすすめ。
・心理学のテクニックをビジネスで使うには高度な技術が必要。
・ビジネスでは小手先のワザではなく自然に振る舞う。

18 ビジネスの基本はどんなときもギブ&テイク

義理を売って恩を買うという言葉があります。誰かをお世話して喜んでもらい、いずれその恩を返してもらうという意味です。**ビジネスの場合、相手から信用を勝ち取るには時間が掛かります。そのため、相手が欲しがるメリットを与えなくてはいけません。**

何度かメリットを積み重ねて信用は高まっていきますが、すぐに結果を出すことを求められている場合はどうすればいいのでしょうか?

議員秘書は、肩書きに価値を感じてくれる人であれば相手がどんな人であっても選り好みはしません。ゼロベースで人間関係を作るよりも、最初から相手が価値を感じてくれていた方が時間を短縮することができるからです。相手にメリットを感じさせて、自分を「買ってくれる」

関係があったほうが建設的な関係を築きやすいものです。

そのためには、普段から自分が何をしたいのかを明確にしておかなければいけません。人に会うときは、まず「その人に対して自分はどんな貢献ができるか」を考えてください。人のつながりを大切にすることが好ましい関係を生みます。

また自分の置かれているステージによって知り合う人は異なってきます。平社員のときに、名立たる名経営者と親しくなろうと思っても、相手にメリットがなければたとえ会えたとしても、関係構築はできません。相手にメリットを与えるのではなく「自分だけがメリットを得たい」という意識では上手くいきません。相手も時間を割いてその場に来ているのです。一方的に関係を作られても迷惑なだけです。

なんでも欲しがるクレクレに要注意

自分に興味を持ってほしいからといって、相手の立場や気持ちも考えずに自分を売り込んでも引かれてしまうだけです。お店で店員さんに強引にすすめられて、欲しくもないものを買わされそうになった経験はありませんか？　洋服を買おうとお店に入ると、すかさず横にやってきて、「どんなものをお探しですか」と聞いてきます。そんなことをされるとお店を出たくなり

図18　信頼関係構築の基本

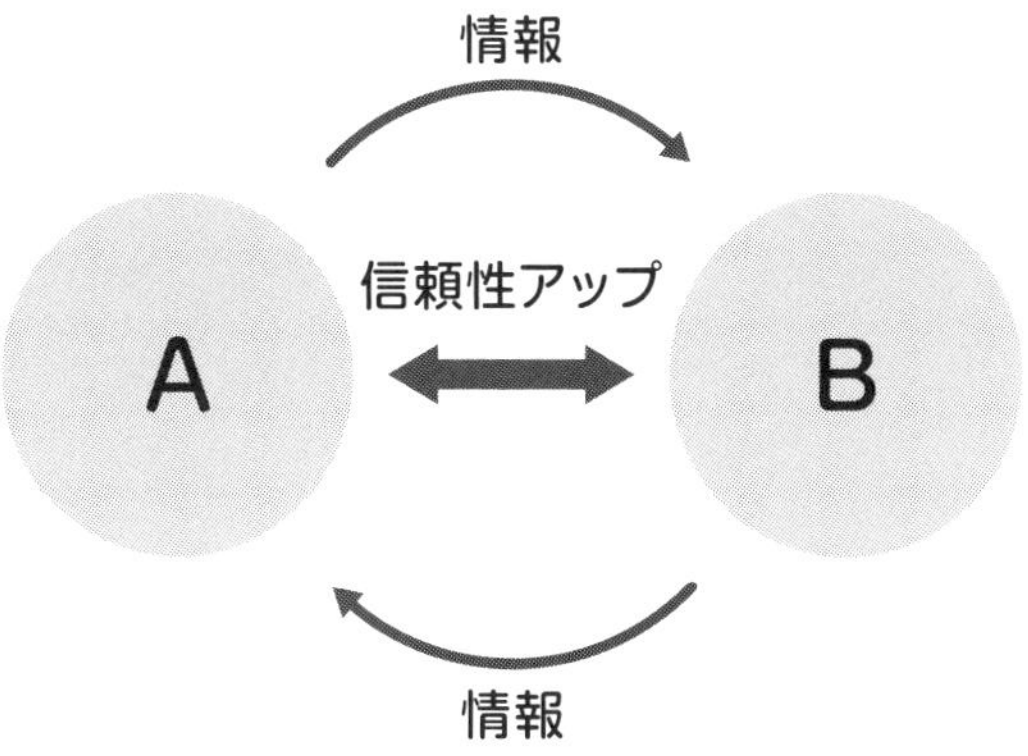

ギブ&テイクの積み重ねが大事

ますよね。さらに、「これを買った方がいいですよ」なんて言われたら店員に不信感さえ持ってしまうかもしれません。**自分にとって格上の相手に会ったときは、関係構築を急がず、じっくりと時間を掛けた方がいいのです。**

関係構築を目的とするなら、「少しくらい還元してくれてもいいだろう」などと思わないことも大切です。「善意の搾取」にならずに、まずはフラットな関係になることが理想的です。

例えば、奢ってもらったら、同額を奢って返します。情報を教えてもらったら、参考になるような等価の情報を返します。その積み重ねで信頼関係は構築できます。

勉強会やセミナーに参加すると、参加者の「売り込み臭」が漂っていることがあります。「バンバン名刺を交換して自分の客を増やすぜ」と鼻息が荒い人が多くなり、建設的な場ではなくなってしまいます。また、人の紹介を何度もお願いしてくる人がいます。

人を紹介するのは、人脈の一部を渡すわけですからとても重大なことです。場合によっては紹介者自身の信用に関わってくることです。重要なのは、**「紹介して下さい」と人に頼むのではなく、紹介してあげたいと思わせる人物に、自分自身がなることです。**「この人に会いたい」「この人と仕事をしたい」「この人のためになにかしたい」と思われるようになるのです。

例えば、会う予定のある相手のことを調べ尽くしたことはありますか？　ホームページは当然のこと、ブログを書いていれば目を通します。著書や講演会やセミナーをしていれば受講するなどをして相手のことを徹底的に調べます。「この人はこんな情報を探している」とか「こんなことに興味があるのではないか」というヒントをつかんでおけば、お願いをするときでも、会話の主導権を握ることができ、スムーズに望む結果に導くことができるかもしれません。

ポイント

・メリットの積み重ねが人と人の信頼関係構築につながる。
・自分に興味を持ってほしいなら無用に売り込まない。
・人に紹介してあげたいと思わせる人物に自分がなる。

19 言葉の重みを理解しなければいけない

政治家にとって失言は進退を左右する場合があります。政治家の失言は、二〇〇〇年以降、相次ぐようになりました。いくつか例を挙げてみます。

「日本の国、まさに天皇を中心にしている神の国」（自民党・森喜朗首相、当時）、「集団レイプする人は、まだ元気があるからいい」（自民党・太田誠一）、「これで念願のＢＭＷが買える」「早く料亭に行きたい」（自民党・杉村太蔵、当時）、「知恵を出したところは助けるが、知恵を出さないやつは助けない」（民主党・松本龍復興相、当時）。

口が軽い政治家は、いつ足をすくわれるかわかりません。言葉にしなければ揚げ足を取られることはありませんが、言葉にすると、修正したり訂正することが難しくなってしまいます。

　これは一般企業でも同じことです。不祥事や事故があった際に、役員や関係者が、不祥事や事故の実態を知っていながらゴルフに出掛けていたり、旅行に出掛けていたり、宴会をしていたなどという記事を目にしたことはありませんか？

　隙を見せれば、攻撃されるのがこの世界です。

「これは慰労の一環です。マスコミに責められるゆえんはありません。ゴルフは半年前から決まっていたことで健康管理を目的にやっています」。たとえ、ゴルフが慰労の一環であり、この内容が事実でも、一般の人には居直りとも取れる印象を与えてしまうことは間違いありません。

　速やかに中止の判断をして、建前でも、「本日、会社のコンプライアンス部門に実態調査の指示を出しました。結果がわかり次第、迅速に報告したいと思います」と、社長が記者会見を行えば問題が大きくなることはないはずです。**正論や持論は時と場合によってはマイナスイメージを与えてしまうのです。**

　二〇一八年の自民党議員の宴会「赤坂自民亭」も同じような理屈です。西村康稔官房副長官（当時）らがツイートしたもので、安倍晋三首相、岸田文雄政務調査会長、小野寺五典防衛大臣（当時）ら自民党議員が仲睦まじく杯を上げている写真が投稿されました。しかし、このとき、日本では豪雨災害の危険が高まっていました。

図19　発言の影響力をシミュレーション

複数の人を相手に話す場合は、一度シミュレーションを行う。
悪い影響を与えそうな正論でも黙る

未曽有の水害が起き始めているときに、首相、防衛大臣ら政府与党の首脳がこぞって酒盛りをしていたのです。批判が集まるのは当然のことでした。

正論が正しいとは限らない

私がある会社の役員をしていたときのエピソードになります。営業部の部長がメンバーを鼓舞するために、受注が決まる度に細かい数値達成の状況や、営業努力を労うメールを全社に送信していました。

しかし、会社の中には営業部門以外の様々な部署が存在します。別部門（システム部）の部長がそのメールに対して、「そのような送信は部内に留めてほしい。各々、部門の役割は異なるし、全社メールは自部門の成果を披露するものではない」と忠告してきたのです。

しかし、その内容に対してすかさず社長が、「あなたの主張は正論だと思います。ただし表現としては最低です。君は上司が部下を労うための行動をどのように思っているのですか」とたしなめました。結果的に、システム部の部長が、営業部の部長に謝罪をしてその場は収まりましたが、これは正論が必ずしも正しくないことを表していると思います。

もし、あなたが周りから一ランク上の評価をされたいのなら、**発言の影響力を予測する必要があります。この発言をしたらどうなるかをシミュレーションするのです。**それが、正論でも好ましくない結果になりそうなら、腹を据えなければいけません。本音だけで喋ることはせずに、建前を効果的に使いながら不用意なことは話さないことです。それが信頼を勝ち取る術なのです。

ポイント
・口は災いのもと。公の場では軽々しく発言しない。
・正論が必ずしも正しいとは限らない。
・シミュレーションをして好ましくない内容は口にしない。

20 表情の作り方は超一流

政治家は第一印象の重要性をよく知っています。**第一印象は何で決まるのか？ それは表情によって決まります。人は自然な表情にノンバーバル（身振り手振り）を交えると、人は話す相手に好印象を抱く傾向にあります。**視線の合わせ方も重要です。会話をする際に、目を合わせた方が良いのは三〇～四〇秒です。それ以上になると圧迫感を覚えて、逆に少なすぎると自信なさ気な印象を与えてしまいます。

「背が高くて痩せ型で色白。知的に見えるが、繊細で神経質そうな印象がする」だったり、「背は低く小太りで色黒。ガッツがあり細かいことにはこだわらない印象がする」等と、パターン化された思い込みによって印象は作られます。二つの印象のうち、時を経て残るのは「神経質」

と「背が低く小太り」です。

他人から勝手に抱かれた印象が、人間関係に大きな影響を与えることが多くあります。場合によっては、その人の評価にも影響を与えてしまうのです。

これは、企業内における人事評価を考えればわかりやすいかもしれません。人間が評価する以上、感情を完全に排除した精緻な評価をすることは不可能です。好きな相手と嫌いな相手。同じ成績であったとしても、実際には好きな相手には「良い印象」を、そして嫌いな相手には「悪い印象」を抱くものです。

このように考えると私たちの人生は、印象によって大きな影響を与えていることがわかると思います。

評価されたいなら表情と声を意識する

進学や就活でも、似たようなことは起こります。テストの合格点には達しているにもかかわらず、面接の印象が悪くて不合格になってしまうこともあります。結婚や恋愛でも、最初の印象が悪いと、その相手の中の悪い印象を覆すことがなかなかできず、恋愛が成就するまでに時間が掛かったり、思いが叶わなかったりもするのです。フェアと考えられているスポーツの審判の判定にしても、一方にだけ厳しくなることが時としてあるのは、皆さんもテレビの中継などでご存知でしょう。つまり、世の中は固定観念や先入観によって成立する部分もあるということです。

人が勝手に抱く印象とは怖いものです。固定観念や偏見などの思い込み（他人から勝手に抱かれた印象）の内容が正確であるかどうかではなく、その印象を相手に一度でも与えてしまったら、それを基準に評価が決定付けられてしまうということです。印象が評価につながるわけですから、相手に良い印象を持ってもらわなければいけません。

表情、声のトーンやスタイルなど、直感的な部分は、一度相手に印象を与えるとなかなか別の印象に変えることはできません。

政治家は元来、これらの能力が長けているケースもあり、演説スキルを高めるためのトレーニングを積んでいます。米国では政治家のイメージをプロデュースするのは当たり前のことです。どんなに志や素晴らしい政策を持っていても、見た目の印象が乏しいと支持は集まりません。

有名なエピソードを紹介しましょう。

一九六〇年の米国の大統領選は、共和党のリチャード・ニクソン、民主党のジョン・F・ケネディとの間で争われました。このときの大統領選で史上初めて、テレビ討論会が実施された

図20　評価に影響を与える要素

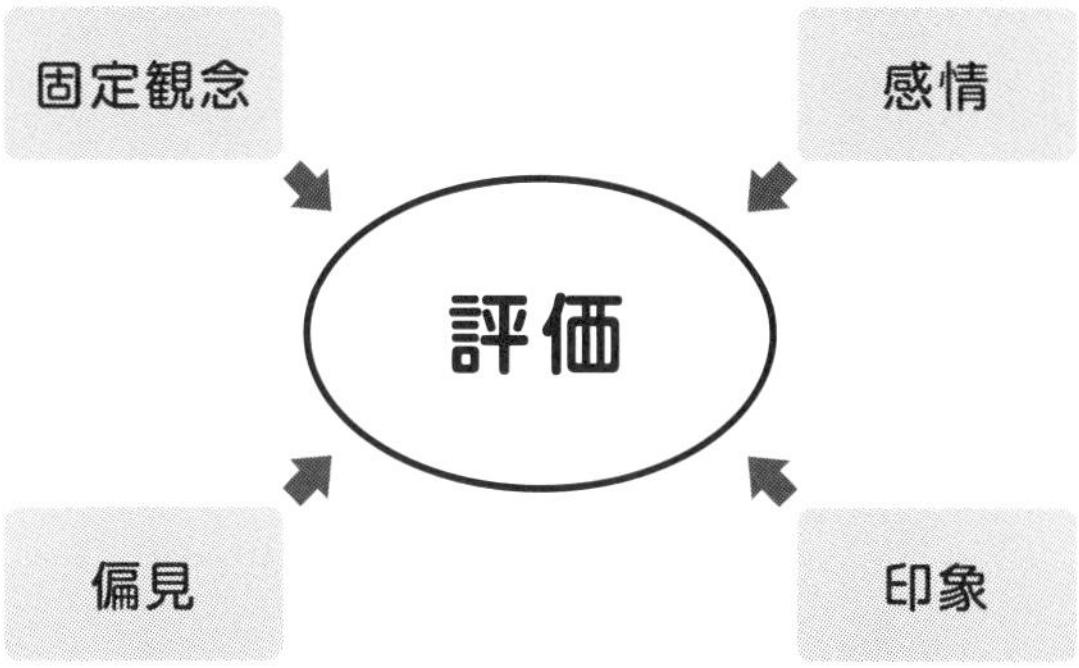

人の感情等が評価を左右することは多い

のです。討論会前の調査ではニクソンが有利とされていましたが、討論会後、ケネディ支持が上回ります。一体、討論会で何があったのでしょうか。

討論会にニクソンは薄いグレーのスーツで臨みます。一方、ケネディは濃い色のスーツに身を包んでいました。喋っていることを聴かずに、この二人が並んでいるシーンを見ると、ケネディの印象が強いことがわかります。

また、討論会に臨むにあたり、ニクソンは想定される問答を必死に覚えました。一方、ケネディは十分に休養を取り英気を養っていました。テレビカメラの前に立った二人の印象は全く違ったものでした。ニクソンは明らかに疲れていましたが、ケネディは覇気にあふれていました。

その差が、テレビ討論会後の逆転となり、選挙結果にまでつながったのです。

ケネディやバラク・オバマしかり、有権者を前にしての、力強い声、信頼される外観、内容と熱意が伝わるメリハリやジェスチャーはとても大切なのです。

少々不謹慎な話かもしれませんが、今日あなたは仕事で大きな発注を受けたとします。あなたの気持ちはウキウキしていますが、会社に戻ったら上司の代理で取引先の法事に参加しなくてはいけなくなりました。あなたの心は受注が決まったことで高揚していますが、葬儀の席では遺族に声を掛け、悲しそうな表情を作り、その場に相応しいと思われる行動を取るに違いありません。

普通の社会人であれば、**「相手を見ながら場面に合わせた好ましい行動を取ること」ができるのです。人の表情と声は大切です。**

より良い人間関係を構築するためにも、相手の姿から得る情報を意識することも必要です。そうすることで、良い表情が生まれ、人間関係が円滑になっていくのだと思います。

ポイント

・第一印象は後々まで人間関係に影響を与える。
・公正な評価にも人の感情が入り込むことが多い。
・良い人間関係を構築するために表情と声を作る。

21 誠意という名のサプライズとパフォーマンス

幕末から明治にかけて活躍した勝海舟は「政治家の秘訣は誠心誠意のみだ」と語っています。知識が豊富でも、誠心誠意に欠ける人物なら不適合という意味です。

昨今、問題となっている政治家の資質に関する問題も、知識ではなくモラル不足と考えれば納得がいくでしょう。最近は、不倫議員、パワハラ議員、政務活動費疑惑議員など稚拙な政治家ばかりが話題になりますが、昭和の時代の政治家は豪快でした。ここでは、田中角栄のすでに伝説と化しているいくつかのエピソードを紹介します。

政敵の議員の母親が亡くなった際、生花店に依頼して一週間毎日、新しい献花を届けさせました。葬儀は氷雨の中で行われましたが、出棺の際には傘もささずに最敬礼で見送ります。これは、当時の新聞等でも大きく報道されました。

他派閥の有望な若手議員が入院したときには真っ先に駆けつけて、見舞い金の入った封筒を渡したこともありました。翌日、派閥のボスが見舞いに訪ねますが、見舞い金は田中角栄より遥かに少なかったそうです。

冠婚葬祭には顔を出して義理堅いところをアピールすることが大切です。関係者はこのような義理堅さをずっと覚えているからです。「あの先生は来てくれた」という行動として評価されるのです。

田中角栄が幹事長時代の話です。選挙の軍資金を渡す際に、党で決定された金額を支給した直後、「キミの選挙区は厳しかったな。期待しているぞ」と追加で同じ額を渡します。田中角栄のお金の使い方は、サプライズを与える生きたお金の使い方と言えるでしょう。

さて、皆さんは、辻立ちをご存知でしょうか。辻立ちとは街頭演説のことを指します。一般的には有権者に対して自らの政策を訴える方針といわれていますが、多くの政治家は選挙前にしかやりません。選挙期間以外の時期に辻立ちをすれば有権者に顔が知られることになります。知名度を上げれば、選挙に有利になることは間違いありません。

また、辻立ちの内容を通行人は聞いていません。ただし、「一生懸命に頑張っている」と強い印象を与えることはできます。「政策」を訴えるよりも「共感」を与えた方が心に響くのです。

これは、日常の私たちの仕事にも同じことが言えるのではないかと思います。

共感とは、一番大事な親しみのある感情です。ビジネス面で、共感する力は、欠かすことができません。

あなたがチームのリーダーだとしても、メンバーの一員に過ぎなくても、チームで働いているなら、「チームのニーズ（＝目的）を理解する」ことは必須でしょう。ニーズを共有しているからこそ、やっていることは違っても、同じ目標にたどり着けるのです。

パフォーマンスは堂々とやれ

政治家や議員秘書は、なぜ、普段からダーク系のスーツを着込んでいるのでしょうか。これには諸説がありますが、いつでも葬儀に出られるようにしているためという説があります。冠婚葬祭は人生の一大イベントです。結婚式は事前に日時を決めておくことが可能ですが、葬儀だけは突発的で全く予測が付きません。

冬場は葬儀の件数が他の時期に比べて断然多くなります。各都道府県の広報資料を見れば、出

図21　人を引きつける要素

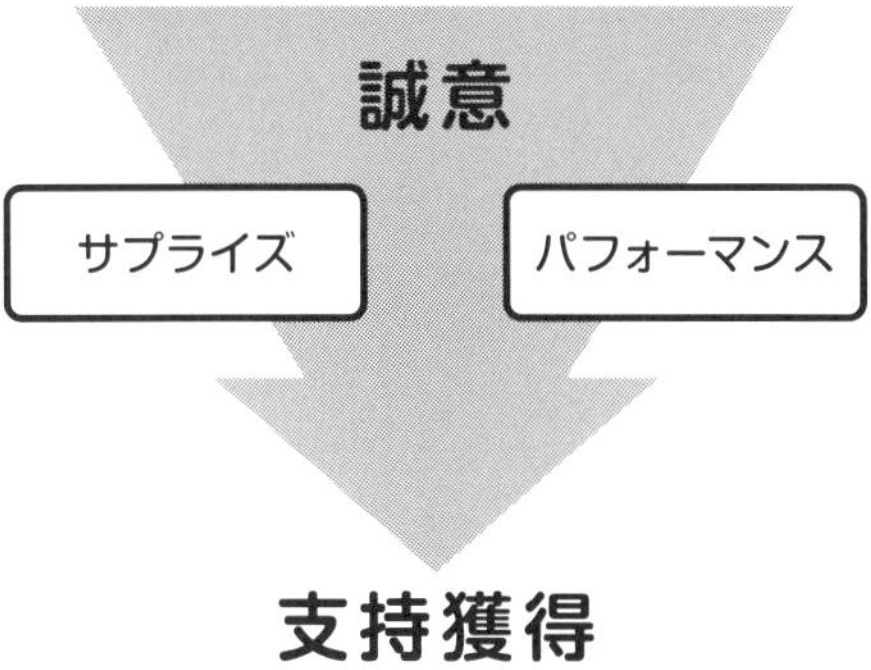

誠意をより効果的に見せるには、
サプライズとパフォーマンスが重要

生の数に対してお悔やみの数が圧倒的に多いのでその傾向がよくわかります。

田中角栄が通商産業大臣（現経済産業大臣）だったときのエピソードです。通産省として最も大切な産業構造審議会で挨拶する予定でしたが、審議会に出向く前「おい、今日は誰かの葬式がなかったかね」と秘書に尋ねました。

確かにその日、角栄の関係者の葬儀がありましたが、秘書は審議会を優先して、スケジュールを入れていませんでした。すると、大臣はこう言いました。

「結婚式だったなら君の判断は正しい。新郎新婦にまた日を改めて会いに行けばいい。だが、葬式は別だ。亡くなった人との最後の別れの機会だ。今日がダメならなぜ昨日、お通夜の日程を組まなかったのか」

田中大臣は審議会の前に時間を調整して、葬儀に向かいました。

悲しみに打ちひしがれているときのお悔やみは効果があります。田舎では都会とは異なり親族との結び付きも強いので、不幸があれば、葬儀に駆け付けることが当たり前です。葬儀で顔を売ることも大切な仕事です。葬儀参列が後々の仕事にもつながっているのです。**パフォーマンスと言われてしまえばそれまでですが、ここまで堂々と誠意をもってやれば嫌味にはなりません。**

ポイント

- 知識だけでなく誠意も社会人には必要。
- 義理堅さとサプライズで信頼を勝ち取るべし。
- 冠婚葬祭は人を味方に付けるチャンス。

22 ブラフの効果的な使い方と「夜の芝刈り」の効用

最近ビジネスでも使われるようになった言葉に「ブラフ」があります。もともとは、ポーカーで勝つための戦術用語です。ポーカーの場合、自分が弱いカードでも、強いカードを持っていると相手に思わせることで、ゲームを有利に運ぶことができます。これを「ブラフをかける」と言います。

「ブラフ」はビジネスの場面でも有効です。相手にブラフをかけて有利に見せることで交渉力を高められるからです。 例えば、取引相手がなかなかＯＫを出さない場面を想定してください。全くあてもないのに「この条件で決めてくれないなら他に持っていきます」と言えば、それは相手に対してブラフをかけたことになります。相手が取引に応じれば「ブラフは成功」です。取引が失敗すれば「ブラフは失敗」になります。

転職での面接の場面をイメージしてください。実際は担当者としてプロジェクトに参画しただけなのに、プロジェクトマネージャーと言えば、それは「ブラフ」になります。担当者レベルよりは、プロマネ経験者のほうが採用で有利なことは間違いありません。面接で好印象を与えるために「ブラフをかけた」わけですが、入社後にパフォーマンスが発揮できなければ、マイナス評価を受けることになります。こうなると「ブラフは失敗」です。ブラフにはメリットもデメリットも共存するわけです。

納期ギリギリのスケジュールがキツイ仕事があったとします。自分一人では難しい場合、社内の人にブラフをかける方法があります。

「A社のプロジェクトですが、お客様の都合で『納期が短縮』になり非常にキツイ状況なんです。僕だけでは力が足りなくて困っています。このような仕事に詳しい○○さんならアイデアがあるかもしれないと思って相談をしました。会社に迷惑を掛けられませんので」

ここではまず、「納期が短縮」になったとブラフをかけています。お客様都合なら仕方ないと、本来なら難しい状況でも、相談に乗ってくれる可能性があります。さらに、フォーマルな相談ではなく、個人的な相談のほうが聞いてくれる可能性が高まるでしょう。「かわいそうだから手伝ってやるか」と思わせるオーラを出すことも効果的です。

直接依頼したこの人が難しくても、誰かを紹介してもらえるようにお願いすれば、対応できそうな人を教えてくれるかもしれません。納期が守られれば、お客様も会社もあなたも大喜びです。手伝ってくれた人にも、「お客様も喜んでくださいました！」と感謝を伝えれば「良かったね」で終わるはずです。

「夜の芝刈り」をして情報武装

やり手のビジネスマンの仕事は、夜に始まります。毎晩、銀座や赤坂辺りで飲み歩く人をどのように思いますか？　実は、仕事ができる人は夜の時間の使い方が上手です。彼らが夜な夜な飲み歩くのは、良い仕事をするためです。情報収集や重要なコネクションを強固にするためなのです。人脈構築や営業活動と同じような意味を持っています。

仕事のできる人は夜遊びを苦にしません。膨大な仕事をこなしても疲れた顔を見せず、夜も元気に飲み歩き遊びにも手を抜きません。休日はスポーツに励み、自分磨きを怠らないアクティブな人が周囲にいませんか。そのような人は間違いなく仕事で成果を出しているはずです。

このような人は、豊富な人脈を持っていることが少なくありません。社内の人脈だけでは不

図22　ブラフのかけ方

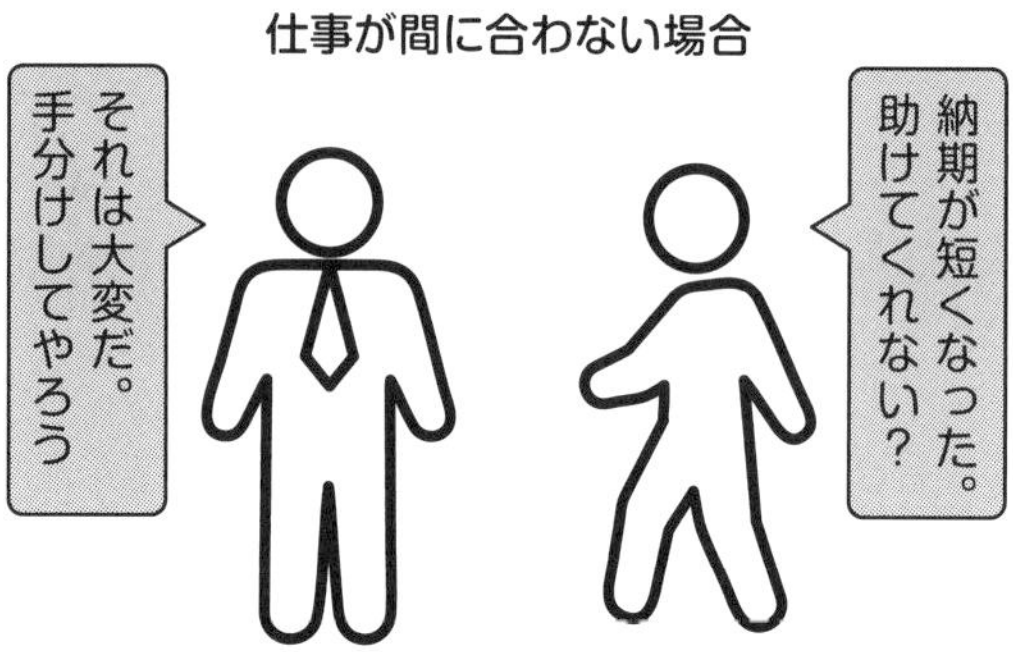
仕事が間に合わない場合
納期が短くなった。
助けてくれない？
それは大変だ。
手分けしてやろう

「間に合わない」だけではなく
「納期が短くなった」とブラフをかける

十分な場合には社外での人脈構築が大切になるのです。

社外の人脈なら、相談しても変な目で見られることもありません。また、社外で人脈構築をするといろいろなモノが届けられるようになるメリットもあります。

プロ野球やサッカー、相撲のチケット、プレミアのついたミュージカルやコンサートのチケットなどを渡されるようになります。これらの贈り物が「夜の芝刈り」で大活躍します。

「知り合いからのもらいもので恐縮なんですけど！」

「お子様、巨人のファンでしたよね？　来週の巨人戦チケットあるんですが、今からお渡しに行ってよろしいですか？」

あなたは、いただきもののチケットを使うだけで人脈を強固にすることができます。

ポイント
・等身大よりも大きく見せて交渉を有利に運ぶことを「ブラフにかける」という。
・仕事のデキる人は夜の時間を使って人脈を広げる。
・豊かな人脈は仕事の成果につながってくる。

23 人間関係に無理はしない 俯瞰して継続か撤退を判断

会社では業務上、嫌な相手とも関わらなければいけないことがあります。これがストレスの原因になることが少なくありません。そして、人間関係が悪くなると仕事や心身にも影響を及ぼします。ところが**人間関係でトラブルが生じても、何もしない人も多いのではないでしょうか。**何もしないで手をこまねいているだけでは進展がありません。**動くことも必要です。**

政治の世界では人間関係の悪化は、すぐに評判の悪化につながります。評判が悪化するような芽はすぐに極力摘まなくてはいけません。これは、会社でも同じことです。

人間関係のトラブルの場合、原因については双方がわかっていることが多いと思います。もしわからなかったとしても、相手の機嫌が急に悪くなったとか、急に視線を合わせなくなったとか、何か相手を怒らせてしまったのかなとわかるものです。

どっちが正しいとか正しくないとか、くだらないメンツを気にするのではなく、気が付いたら自分から修復のための行動を起こしたほうが得策です。関係が修復すれば、よほどのことがない限り相手も、「今回は僕も申し訳なかったね」「お互い様だね」になるからです。

関係修復のためのテクニックはそれほど難しくありません。

「すみません。何か機嫌を損ねることをしたでしょうか？」

このひと言を口に出せるかどうかです。トラブルには引き起こした要因があるはずですから、まずはそれを特定しなければ対処の方法がありません。中には「自分は悪くないから謝罪はできない」という人もいるでしょう。この場においてはそれはどうでもいいのです。まず解決の糸口のためのボールを相手に投げることが大切だからです。「私はあなたとの関係を修復したい」という意思を示すことが大切です。

相手がボールのキャッチを拒否したらそれはかなり重症かもしれません。そもそもそこまでやってダメなのなら、肌が合わないのでしょう。仲良くする、上手くやること自体に無理があったと思うしかありません。そのような相手とは縁がなかったと諦めて、距離を取ることが賢明です。

図23　人間関係でトラブルを起こしたら

本人にストレートに原因を聞くのが一番

距離を近付けてもダメなわけですから近付かない方がいいのです。相手が不機嫌で修復のためのテーブルに乗らないなら、こっちまで疲れてしまいます。ストレスでこちらまでネガティブ思考になってしまう危険性もあります。**無理に付き合っていても何もいいことはありません。そこまでのパワーを使うことがもったいないのですっきりクロージングしましょう。**

人間関係に無理はしない

政治的な発想をするなら、一人の人間との関係がこじれたとしても、それは一票を失ったに過ぎません。また一票、次の二票と獲得していけばいいのです。政治家はこのような局面では非常にドライです。トラブルの相手が取引先や上司なら、まったく無視するわけにもいきませんが、人間関係、自分の状態などすべてをひっくるめて、自分で状況を適切に把握してメンテナンスし続けていくことが大切です。

また、人間関係はゼロベースの状態から構築した方が早いですから、次の人と上手くやることを考えましょう。一定の対処策を取ってダメな場合は、その後の修復を考える必要はありません。社内の人間関係も同じことです。放っておけばいいのです。

無理に頑張ることはやめてやめて、愛想を振りまき、お人好しになることもやめましょう。周りに気に入ってもらおうなんて思わないことです。**自分と相手との距離を適切に取ることが大切です。**

ポイント

・人間関係でトラブルになったら本人に直接原因を聞く。
・必要以上に人に気を使うと自分が疲れる。
・人間関係では自分本位になることも大事。

第4章

自然に習慣になる
行動のルール化

24 即断即決のクセを付けるようにしよう

書店には必ず仕事術のコーナーが用意されています。成功者の仕事術は人気が高いコンテンツです。**成功者は自分にとって重要度の高いものを「即断即決」で選択する傾向が強く、仕事のやり方にも傾向が表れます。**

人生は決断の連続です。皆さんが、この本を読んでいるのも、「本を読む」という決断があったからでしょう。アメリカのオーラル・ロバーツ大学の調査によれば、人は一日に三万五〇〇〇回以上の決断をしているともいわれています。おそらく、一つ当たりの決断に掛かる時間はわずか数秒のものもあるでしょう。迷う時間と決定する時間とは別物なのです。

皆さんの周囲で、決断が速い人はいないでしょうか。おそらく、あれこれ迷う時間を極力減らしているからに違いありません。いくつものビジネスを掛け持ちしている人は、一つの案件にそんなには時間を取れません。それ故に決断が速くなるのです。

決断に時間が掛かり過ぎるとどのような弊害があるでしょうか。結果的には、相手を待たせることになります。しかし、やみくもに速く結論を出すというのではありません。これから下す決断によって起こりうることを予見し、リスクや事象を踏まえた上で決断をすることが大切です。

決断が速くなると、自由な時間が増えます。起こす行動も速まり結果も早く出ます。さらに余った時間を次の決断に使えるため、次の結果も早く得られます。決断の速さの積み重ねは生産性向上につながるのです。

マインドを高めよう

私はコンサルティング会社でキャリアを積んできました。コンサルティング会社は、一般的な企業とは異なり、業績責任の比重が重いという特徴があります。成果を挙げれば役職も報酬もうなぎ上りです。しかし、仕事は個人事業主の集まりに近く、各々が独立しているので、困っても助け合うことはしません。これはコンサルティング会社特有のもので一般社会では受け

図24　マインドを高める方法

周りの人が成功するよう応援する
▼
応援された人はその「恩」を返してくれる

入れられないマインドです。

ビジネスで成功している人に共通するマインドがあります。それは「人の成功を喜ぶマインド」です。私の周りにいる勝ち組といわれる人は、他人の成功を喜んで祝福する傾向にあります。誰にでも、他人よりもまず自分が成功したいという気持ちが少なからずあるものですが、自分の周りの人間が成功することは、必ずしも他人ごとではありません。

周りの人がチャンスをつかんだときは、できる範囲でいいので、できるだけ応援しましょう。応援された人は、必ずその応援をあなたに返してくれます。これはビジネスの鉄則だからです。

とはいえ、理屈ではわかっていても他者の成功を喜ぶことは難しいという人もいます。

「うらやましいな」と思うと、自分のこれまでの実績を判断できなくなります。そして、嫉妬の気持ちがどんどん膨れ上がっていきます。揚げ句の果てには「距離を置こうかな」と破壊的な感情が芽生えてしまうこともあるかもしれません。

このとき、あなたの中では、情動（感情）のパニックが起きています。怒りの感情によって、フラストレーションが高められて情動のパニックを引き起こされています。自分にとって大事なものを遮断されたときに引き起こされるものです。この気持ちは自分より優れている相手には抱きません。相手が何らか条件が下だと思っているのでスイッチが入るのです。

しかし、もしあなたがさらに上を目指すなら正しいマインドを持つ必要があります。マインドがビジネスに大きな影響を及ぼすことを覚えておきたいものです。

ポイント
・決断の速さの積み重ねが生産性を上げる。
・周りの人がチャンスをつかんだときは応援する。
・応援された人は必ずその恩を返してくれる。

25 戦略を立てることで非常識が常識になる

国民的人気を誇る日清食品のカップヌードルは一九七一年に誕生しました。今は世界中で食べられていますが、発売当初は一風変わった食べものとされていました。お湯をカップに注ぐだけでラーメンができる、それもたった三分で！　という発想は、当時の人たちは持っていないものでした。ご飯は、切ったり、焼いたり、煮たりして作るものという常識があったからです。実際、最初はまったく売れませんでした。

また、多くの社員はこのアイデアに反対だったともいわれています。しかし、今では世紀の発明とさえいわれています。**非常識な発想は、時として、成功の種になりうるのです。**成功する人は、その多くが独自の発想や考えを持っています。非常識と呼ばれるかもしれませんが、**そ**

の独自性こそが、新たな何かを作り出し、気付かせてくれることがあるのです。

ただし、独自性はそんな簡単に身に付くものではありません。練習が必要です。まずは、常識を疑うことから始めましょう。これは最近ブームになっている「俯瞰力」に通じるものかもしれません。「普通」とは離れたところから、ものを見るようして新たな発見をする。そうすることで、まだ他人がやっていないことに気付いたり、新たな可能性を見つけられたりするものです。

常識を疑い、目の前で起きていることを、いつもとちょっと違うところからとらえてチャンスを探っていきましょう。今、あなたの目の前にあるものが、非常識な視点から考えたら、とても斬新で、今までにない可能性を多く秘めていることも考えられます。カップラーメンを美味しく食べているだけでは何も学びがありません。なぜ流行ったのか、太らないのか、ビタミンやカルシウム不足にならないのかなど、視点を変えることで多くの気付きがあるかも知れません。

夢を実現するには戦略が必要である

ディズニーの作品には多くのプリンセスが登場します。シンデレラはディズニープリンセス

図25　独自性を身に付けるには

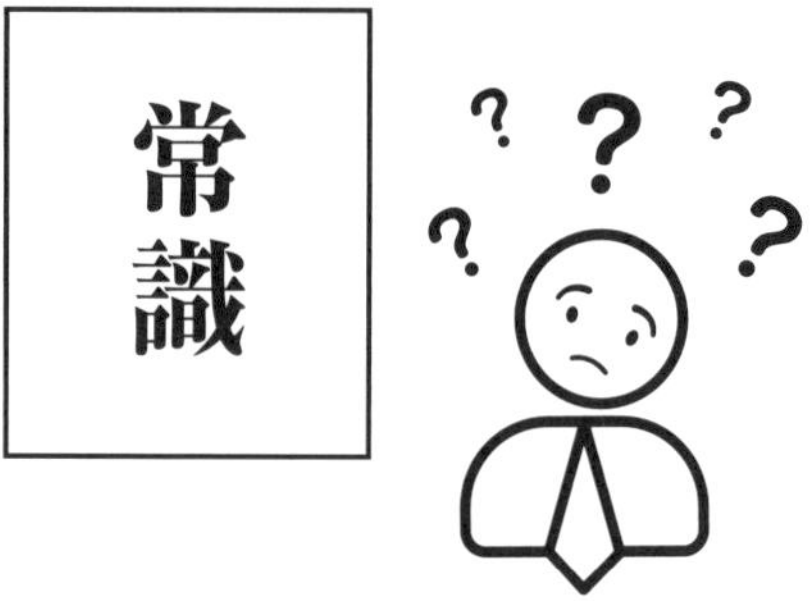

いつも常識を疑う癖を付ける

▼

「気づき」が生まれる

の中でも人気が高いキャラクターです。辛い状況でも夢を持ち続けて最後には王子と結婚します。これに多くの人が魅了されるのです。

しかし、実はシンデレラは戦略家です。それもかなり高レベルの技術を持っていると言ってもいいでしょう。彼女のしたたかさと、戦略家である点を、映画では描かれていない部分を補いながら検証してみましょう。

まず、世間では、悲劇のヒロインがいじめに耐え、困難を乗り越え、最後にようやくハッピーエンドになったと思われていますが、彼女は実はしたたかなのです。

例えば、なぜ着用していたドレス、カボチャ型の馬車は、魔法が解けた瞬間になくなるのに、片方のガラスの靴はそのままだったのでしょうか。事前に、魔女と取引をしていたのではないかという疑念が湧いてきます。

魔女も「たかだか片方のガラスの靴くらいいいだろう」と思ったのかもしれません。ところが、シンデレラはさらに上をいきます。魔法が解けないことを承知の上で、王子に拾わせたからです。しかも、舞踏会でたった一回のダンスで、王子をぞっこんにさせるわけですから、もしかしたら、家でリハーサルをしていたのかもしれません。

ビジネスに携わる誰しもが、自分の夢を実現するために、女性はシンデレラストーリーを手に入れたいと思い、男性は王子になることを望みます。シンデレラになる女性、王子になる男性は、初めから資格や資質、環境が備わっていたわけではありません。**望むものを手にするためには戦略的に行動しなければいけないことを、この物語は示唆しているとも言えます。**

ポイント

- 画期的な発見などは最初は受け入れられないことが多い。
- 常識を疑うことで新たな発見につながる。
- 夢を実現するなら戦略ストーリーを考える。

26 第一印象の見た目は非常に重要である

これは、あるヘアサロンのオーナーに聞いた話です。新規のお客様が入ってきたとき、まず見ることは「オシャレ」であるかどうかです。初めての方は担当が付いていませんので、オシャレで魅力的だと気合が入るそうです。

「この人はオシャレだからトップスタイリストに担当させよう」と思ったり、オシャレでないお客様なら「この人は新人でいいかな？」と判断をするのだとか。これはビジネスの場でも同じです。見た目のインパクトは大きいですから、第一印象はとても大切だと思います。

ビジネスシーンでの第一印象とはなんでしょうか。「清潔感がある。スーツにアイロンのプレスがかかっている。髪型がきちんと整っている」などが挙げられます。これは、お見合いを考えればわかりやすいと思います。初めての顔合わせで、ヨレヨレのスーツにボサボサの髪で登場したら相手はどのように思うでしょうか。ビジネスも同じだと思います。

人は先入観を持ちやすいものです。本人に会ってもいないのに、勝手に評判だけでその人が判断されることもあります。**ビジネスで上を目指すのであれば、見た目の印象がビジネスに大きな影響を及ぼすことを覚えておきたいものです。**

小学校の教師がこんな話をしてくれました。クラスで何か問題が起こり、児童の両親がクレームを言いに来るとき、教師が最初に見るのは「服装」だそうです。スーツでビシッと正装して来る方と、ラフなだらしない服装で来る方とでは明らかに対応が違ってきます。スーツで来ると「いい加減なことは言えない。しっかり対応しよう」という意識になると聞きました。

これは、多くの仕事では、自分の第一印象が大きなインパクトを与えていることを意味しています。だったら**「見た目を演出する」ことも大切ではないでしょうか。**自分が相手からどう見えるかという点にもっと意識を持つようにしなければいけません。

実態が伴わない人には特徴がある

皆さんはＳＮＳを使っていますか。ＳＮＳをしていると、実態を大きく見せようとしている

図26　人は見た目が大事

ビジネスパーソンは身なりを清潔にする

人が多いことに気が付きます。

話を必要以上に盛る人は要注意です。小さな話を大きく盛って、着飾って凄そうに見せて話す人がいます。メールでやり取りしていると「この人にはこんな実績があるんだ」と思わせますが、実際に会うと実態が伴わない人が少なくありません。写真のビフォー・アフターではありませんが、盛り過ぎの人には注意しなければいけません。

ビジネスをするにはお金が必要です。ですが、**お金よりも大切なものがあります。それは理念です。理念とは、その人の信念や、心の中に持っているDNAなのです。**エンジンや燃料みたいなもので、これがないと何事も上手くいきません。ストーリー性があり、思いが込められたものであれば、周囲も共感し浸透しやすいと思います。**きっちりとした理念は、その人の行動にも表れて共感・共鳴をします。**借りものでない自分の言葉で語ることが大切です。

ポイント

- ・ビジネスでは第一印象が大きな影響を与える。
- ・とくに人は見た目で先入観を持つ傾向がある。
- ・身なりや髪型にはビジネスパーソンとして十分な注意を払う。

27 ノートの取り方を工夫して自分の未来を切り開く

手帳が日本に上陸したのは幕末のこと。福澤諭吉がパリで購入した「西航手帳」を持ち込んだ一八六二年とされています。一八七九年には大蔵省（現財務省）印刷局が、フランスの日記簿を参考に、携帯用の「懐中日記」を発行します。便覧も備えているため初の国産手帳といわれています。

手帳と言えば、「スケジュールを管理するもの」と答える人が多いと思います。面会日時や会議の予定・報告書や企画書提出の締切日などは手帳を使っていれば誰でも書き込んでいます。

では、スケジュール管理以外の目的で使用している人はいるでしょうか。私の知人は、〝TODO〟リスト、メモ、年間目標、ライフログ（生活記録）、日記、家計簿、健康管理などに使っています。そうなると、**単なる仕事の予定管理ではなくなります。情報の詰まったアナログのデバイスとも言えるでしょう。ビジネスとして使うことも含め、目標達成ツールとしても使えます。**

手帳を目標達成ツールと考えるなら、将来のありたい理想像、ビジョンを描き、そこに向かって長期、中期、短期の目標を定めることが大切です。設定した目標に対する行動計画を作成、スケジューリングをし、軌道修正を図りながら実行に移していかなくてはなりません。自分の行動に関すること、自分の身の周りで起きた出来事、自分が考えたこと、感じたことを整理すれば備忘録にもなります。

現在の状況を確認し、本当にやりたいこと、ありたい未来を描き、実現させていく活用方法ができます。生活全般を自己管理するツールとして、アナログな手帳が再評価されているのです。

年末になると、文房具店や百貨店には新作手帳の販売コーナーができます。私の経験上、ステータスが高い人ほど手帳にビジネスの予定を書かない傾向が強くなります。むしろ、未来の自分を作るためのツールとして使っているようです。私も、毎日目標を目にするようになって時間のムダ遣いが減り、将来に向けたアクションを起こせるようになりました。ただし、書いただけで叶うわけではありません。**書くことによって、意識に刷り込みながら、具体的な行動**

に結び付けなければいけません。

手帳は「自分だけのバイブル」です。逆に決して書き残したくないのは、仕事の愚痴や人の悪口。これらは、書けば書くほど自分の中で増大し、あとにも引きずりやすく、ネガティブな事柄です。そうなったら手帳はデスノートになってしまいますので注意しましょう。

手書きによるメモ術を推奨する意味

セミナーや打ち合わせで、パソコンを使って議事録を書いたり、**ノートを取る人がいます。私は「手書き」で取ることをおすすめします。**

まず、手書きだとメモを取りながら情報整理が可能です。パソコンの場合、情報を羅列してそのまま書き留めるには効率的かもしれません。しかし実際の打ち合わせの場面では、話が頻繁に脱線することがあります。意見の応酬になり対立することも考えられます。このような出来事を残すことは不向きなのです。

メモする際のコツは、キレイに書かないことです。文字自体も汚くても構いません。基準は自分がわかればいい、です。頭の中にあるもの、心のなかにあるものを何も考えずにひたすら書きなぐるということが大切です。体裁や言葉のつながりを考える必要はありません。とにか

図27　メモの効用

❶ 書きながら情報を整理

❷ 矢印や図表化など表現自由度が高い

❸ アイデアや情報を生み出す効果もある

❹ 書く動作により記憶に残りやすい

くひたすら思った言葉を紙に吐き出していきます。後から関連性をつなげて精査すればいいのです。

手書きであれば、書き手の意思により情報が整理されていきます。真ん中に、テーマを書いて派生させる「マインドマップ」や「メモリーツリー」の方法を用いれば、頭の中で起こっていることを可視化できます。文字と文字をつないで要点をまとめることができるのもメリットのひとつです。文字と文字をつないだり、その場で図表化する履歴が残りますから、後からの振り返りも容易です。

ポイント

・手帳は予定管理だけでなく、目標達成ツールとして使う。
・仕事の愚痴や人の悪口などは手帳に書かない。
・メモはパソコンではなくノートに手書きで取る。

28 朝の時間を効果的に使う方法を考えよう

人には、向き不向きがあります。どんなにやりたくても不向きなものは、なかなか上手くいかないものです。時間ばかりが掛かり、結果が出ないことの方が多いからです。不向きなことに執着していると、**モチベーションが低下して本来なら得意であるはずのものにまで悪影響を及ぼしてしまう場合があります。**

どんなに頑張ってもムリなことはあります。受け入れて、悪あがきせず、諦める勇気を持たなくてはいけません。中国の思想、朱子学に「主一無適」という言葉があります。「ことに当たっては、その一事に精神を集中統一し、他に散らさないこと」という意味です。

やりたいことが複数あっても、全てを同時に実行することはできません。結局どれも中途半端になってしまい満足のいく結果を出すことは難しいでしょう。**諦めることは、逃げ出すことではありません。マーケティングの「選択と集中」と同じことです。**自分が何をすべきなのか、何が最も大切なのかを判断しなければいけません。

今、何をすべきか悩んだときには、古典や歴史書を読むといいと思います。時代を駆け抜けた名将や、時代を変えた人たちが何を考えていたのか、そして、どういう変遷をたどり、どう生き抜いたのか。さらに、そのことを踏まえて、人間としてどうあるべきかを学ぶことは自分のこれまでを振り返り、これからを思い描くことの参考になるからです。毎朝、数ページでいいので、古典を読むことを習慣にしてください。半年も経てば驚くほど知性と知見が養われるでしょう。

時間がないときはどうすればいい

起床して何気なく押してしまうのがテレビのスイッチです。朝のバラエティ番組は芸能人のゴシップなどネガティブでどうでもいい情報で溢れています。ネガティブな気持ちになるくらいなら思い切って番組を見ないほうがいいと思います。何かを聴きたいのなら、自分の能力開発に役立つ、DVDやCDを流しながら出社準備をすることです。リラックスできる音楽でも

図28　朝の時間を効率的に使う

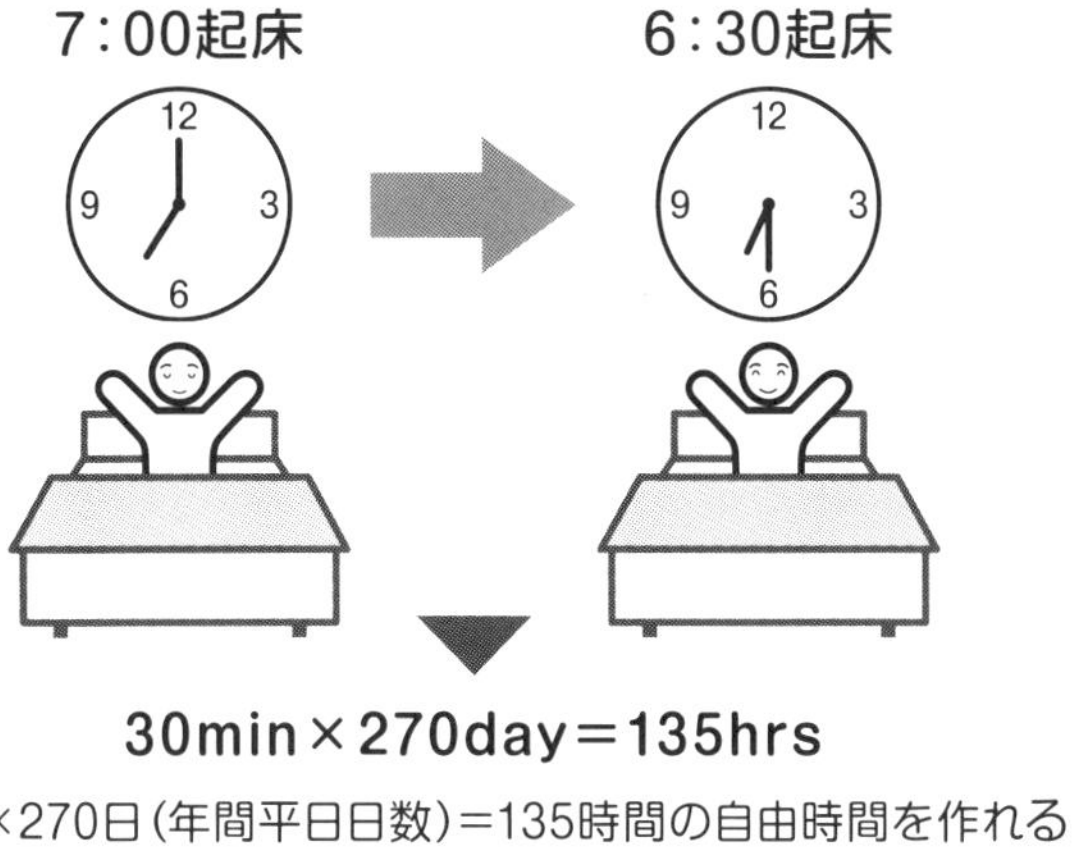

いいですし、松下幸之助や本田宗一郎の経営理論を勉強するのもいいでしょう。その手のDVDやCDは、いくらでもあります。

勉強する時間がないと嘆いている人がいます。朝の通勤時間を利用すれば、毎日三〇分程度の時間は作りだすことができるはずです。また、年間二七〇日勤務で通勤に三〇分掛かるとしたら、年間一三五時間を自分を高める時間に変えることができる勘定になります。往復なら倍の二七〇時間です。時間がない人ほど、電車やバスの移動時間や通勤時間を勉強に充てています。限られた時間を効率的に活用するのも自分次第です。

仕事のことを考えたくないという言い訳は通用しません。**同じポジションに居続けることが**

難しいのが今の社会です。成長がなければ、あなたは淘汰されてしまうでしょう。「あなたは、「日に新た」を考えたことがありますか？　過去の考え方、これまでのやり方にとらわれることなく、日に日に新たな観点に立ってものを考え、事を成していく意味です。**朝の過ごし方がその出発点になると言っても過言ではありません。**

ポイント
・不向きなことは諦めるのも選択の一つ。
・古典や歴史書から生き方のヒントを得る。
・朝三〇分早く起きる習慣を身に付けて限られた時間を効率的に使う。

29 少数にしかわからない専門用語を多用してはいけない

「ワイズ・スペンディング」「アウフヘーベン」――。

これは、小池百合子東京都知事が使用したことで話題になったカタカナ語です。カイロ大学卒で語学に堪能な小池都知事ならではの特有な言い回しですが、一般的には理解されていない言葉でもあります。**一般のビジネスパーソンが使用するなら、このようなカタカナ語の使用には気を付けなければいけません。**

ちなみに「ワイズ・スペンディング」は「賢い支出」という意味。不況のとき、財政支出を行う場合、将来的に利益・利便性を生み出すことが見込まれる事業・分野に行うことが望ましいという意味です。「アウフヘーベン」は、矛盾・対立する二つの概念を、その状態を保ちながら、より高い次元段階で統合、発展させることを指す哲学用語です。この他にも、小池都知事は「サスティナブル」「ガバナンス」など、ちょっとわかりにくい用語を使って、メディアに話すことが多くあります。「サスティナブル」は「持続可能な」という意味。「ガバナンス」とは「統治」という意味です。

よく耳にする言葉でも、ちゃんとした意味を聞かれると説明できないという人も多いと思います。「エンターテインメント」という言葉がありますが、意味は理解していますか。まずはこれは「楽しませる」の意味があります。演芸、音楽などの催しものから、娯楽性の高い読み物という意味もあります。

専門用語は専門の場所で使うことが望ましく、言葉は時と場所、場合に応じて使い分けてください。専門用語やカタカナ英語は、相手に理解できるか考えましょう。誤解を招く元になりやすいので注意が必要です。

経営学者のピーター・F・ドラッカーはコミュニケーションの四原則の一つとして「コミュニケーションは知覚である」と言っています。これはつまり、相手が理解してこそコミュニケーションが成り立つということです。極端な例で言えば、相手が日本語の通じない外国人に対し、日本語で説明してもそれはコミュニケーションとは言えません。よく耳にはするものの、なんだかよくわからないカタカタや専門用語が立て続けに出てくると、日本人同士でも理解不能な会話になってしまうことがよくあります。**「コミュニケーションは知覚である」ことを踏まえれば、お互いが配慮する必要があるということです。**

専門的な言葉を並べて話したとしても、その分野のエキスパートにしか話し手の真意は届きません。あなたの言葉に耳を傾けてくれる人は、いろいろなバックグランドを持っています。性別、年齢、出自などを問わずに、全ての人々の心に届く言葉で語り掛ければ、彼らの心に言葉は届くはずです。少なくとも、聞いてもらえるはずです。

マーガレット・サッチャー元英首相は、かつてこう話しました。

「平易な言葉で語ることは、政府にとって不可欠な道具だと言っても過言ではない」

これは、私たちビジネスパーソンにも重要な意味を持つ言葉です。

常に学ぶ姿勢こそが大切

私はコンサルティング会社出身です。社内にはあまり聞いたことのないオリジナルの専門用語がよく飛び交っていました。私もそれを使っていたことは否めません。しかし、社外では専門用語を使わず、相手に合わせることを心掛けていました。

図29　間違いやすいカタカナ表記

誤	正
シュミレーション	シミュレーション
シュチエーション	シチュエーション
コミニュケーション	コミュニケーション
スエーデン	スウェーデン
エンターテイメント	エンターテインメント

話しかける相手のことを考えるなら、自分自身もよくわかっていないような言葉は避けなければいけません。専門用語やカタカナ英語は避けたほうが無難ですが、常に情報収集して理解しておく姿勢も大切です。

二〇一七年の流行語の一つに「忖度」という言葉がありました。最近ではビジネスの場でも急速に使われ始めています。わかったフリをして放っておくと、後になって「あれ？　この間、了解したはずだよね！」などと言われてトラブルの種になる危険性もあります。**今さら聞きにくい言葉でも、調べて最低限理解することが必要です。**

ポイント

・ビジネスの場では専門用語やカタカナ英語は避けたほうが無難。
・話す言葉は相手の情報レベルに合わせて使う。
・今さら聞きにくい流行語の意味も最低限は押さえておく。

30 伝家の宝刀は用意しておく しかし抜くのは慎重に

サラリーマンにとって伝家の宝刀は「会社を辞めること」です。**実力のある人が辞めれば会社にとっては大きな損失です。あなたは会社にとって必要な人材にならなければいけません。**

新入社員の三割が三年以内に退職するといわれていますが、三年程度だと戦力とは言えません。伝家の宝刀を抜いて「辞めてやる」と息巻いても、意味がありません。あなたは戦力どころかまだまだ未熟者なのですから。ところが、退職を口にするのはこの年代層が最も多いのです。わたしはこれを「ヤメルヤメル詐欺」と呼んでいます。

結局口にするだけで、社のハシゴにしがみつくのもこの層です。「上司の方針がブレる」「旧パラダイムの会社だ」「仕組みが古くて将来性がない」等、会社の全てを知ったかのように、実力不相応な大きなことを言うのです。言っていることは結局は不平不満の域を出ません。このような人は社内でもっとも評価されないタイプです。

もし、あなたの評価を確認したいのなら次のような行動を取ればすぐにわかります。「会社を辞めます」とボソッと呟いてみましょう。それが誰かの耳に入れば、「いや、ちょっと待ってくれ、給料の二倍かつ役職を付けるから辞めないでくれ」と上司が泣き付いてくるかもしれません。そうすれば、あなたの評価は高いということになります。会社に与える影響力が大きいのです。

何も起きなければ、それがあなたの評価ということになるでしょう。会社に与える影響力が小さい、引き留めるほどではないということです。これは、売り上げに直結する部門（営業部門）の方がわかりやすいと思います。売り上げに影響を与える社員なら給料が上がります。会社にインパクトを与える存在なら、社長の表情が変わるはずです。

先読みをしてなくてはならない人材になる

では、営業部門以外では、何に気を付ければいいでしょうか。それは「先読み」だと思います。どれくらい将来を先取りできるのか、目標水準（「なにを」「いつまでに」「どれくらい」）

図30　会社から評価されるには

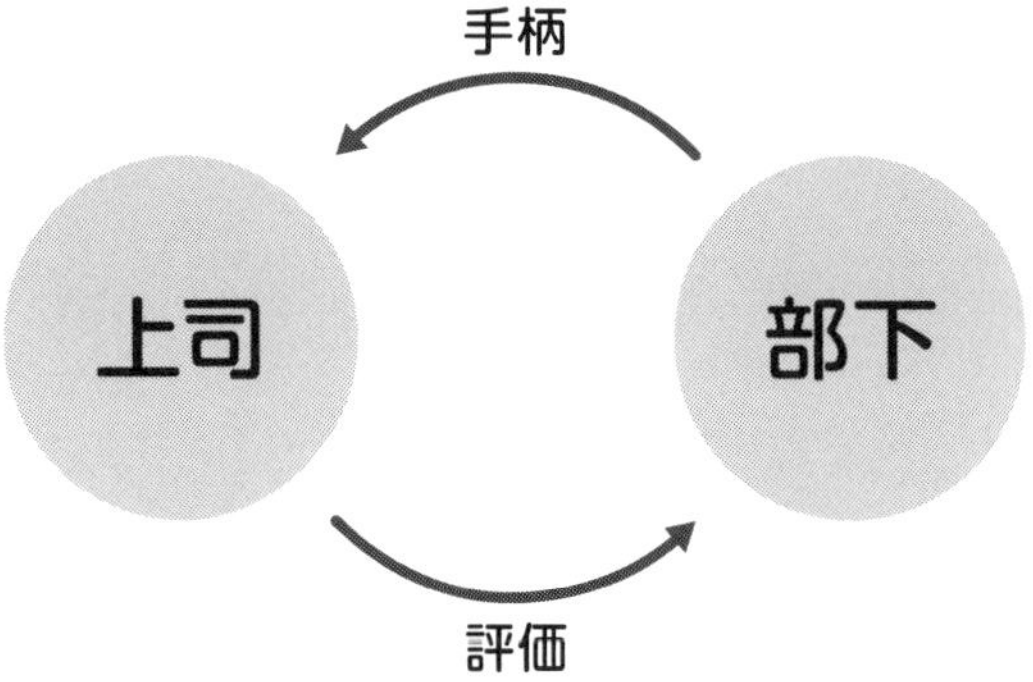

先読みして手柄を上司に渡すことで評価される

を明確に設定できているかという指標です。具体的には、「目に見えていない特定のチャンスや問題を予測し準備する」などが挙げられます。**全ての業務には成果が結び付きます。しかし、イメージ通りに進むことはまずありません。そこで先読みが必要になるのです。**

政治の世界では「下駄を履かせる」という言葉が使われます。一般には「評価などを水増しする」という意味ですが、永田町の辞書では意味が違います。下駄とは「成果」「利益」「名誉」などを意味しますが、それを議員のために議員秘書がお膳立てをして献上するという意味です。議員秘書が、上司である議員の仕事を成功するようにお膳立てします。全ての成果は政治家のものです。成果をお膳立てすればあなたの評価も上がります。

ビジネスでも同じです。仕事の手柄は上司にプレゼントしてしまうことが一番です。部下が上司に逆らって大きな手柄を立てる必要などありません。上司を評価させて出世させることが仕事です。それが実現できたときに、上司は初めてあなたを評価してくれるのです。仕事で役に立ってくれる部下を手放すことなどしません。嫌いな上司であろうと関係ありません。上手い人間関係でやっていくためにはこれが秘訣になります。

上司にとって有益だと思われることは、あなた自身を助けることになります。

いま、社内の重要なプロジェクトに責任者として参画していると仮定してください。しかし、成果が芳しくありません。誰もが責任を押し付けられたくないと疑心暗鬼になっています。このままでは、あなたが責任を取らざるを得ない雰囲気です。そんなときに、上司から助け船が入ります。

「今日から、彼は僕の肝入りのプロジェクト担当になった。東京と大阪を頻繁に行き来することになるから今の業務を兼任することは困難だ。今の案件は速やかに引き継いでくれ。数字は残りのメンバーに割り振るから頑張ってくれ。よろしく頼むよ」

他のメンバーからはバッシングの嵐かもしれませんが、気にする必要はありません。これは上司の方針なのです。このような青写真を描くためにも「先読み」が必要になります。

ポイント

・「会社を辞める」と言ったときの反応で自分の評価がわかる。
・会社から評価される人材になるには「先読み」をする。
・上司に手柄を献上するのが評価の近道。

31 退席のタイミングは「宴もたけなわ」の直後に！

会社には、就業後の飲み会や、休日を使った社員旅行、慰労会といった様々な行事がありま す。社員のモチベーションを上げたい、愛社精神を育みたいなどの目的でしょうか。そういった社内のイベントで、上司が口にする言葉あります。それが「宴もたけなわ」や「無礼講」です。本来の意味を知らなければ大きなリスクになりかねません。

上司は、会社の行事を「社員を慰労する場」と考えてはいないでしょう。上司が威厳を示して部下の評価を再確認する場だからです。 様子を見ながら「こいつは可愛げがないから異動」「こいつはオレの地位を脅かすから降格」など、様々な思惑を巡らせているものです。

シンクタンクに勤務している頃、次のような出来事がありました。クライアントの酒造メーカーから工場見学のオファーがありました。役職者を中心に派遣メンバーが決められ、幹部クラスは自家用車での合流が許されました。随行メンバーのトップはＩ専務です。趣味は車で愛車は、ベンツです。「今回のベンツのパワーは最強だよ！」が口癖でした。そして、最後に合流したのが、次期役員候補として将来を嘱望されている、Ｔ部長でした。ところが、Ｔ部長が合流してから、Ｉ専務の表情が険しくなりました。

Ｉ専務「部長の分際で最後に合流するとは何事だ！　けしからん奴だ！」

Ｔ部長「遅刻はしていません。そのように言われても困ります」

Ｔ部長は、Ｉ専務がなぜ怒っているのかわかりません。実は問題は車だったのです。Ｉ専務のベンツが型落ちのＣクラスなのに対して、Ｔ部長のベンツはＳＬの上級モデルでした。部下がグレードの高いベンツを乗っていたので、面白くなかったのだとすぐにわかりました。その場はどうにか収まったものの、宴会で修羅場が待っていました。

「宴もたけなわ」の意味を理解せよ

Ｉ専務の「宴もたけなわ」の挨拶があり、カラオケ大会も終盤に差し掛かっています。Ｉ専務の十八番は、堀江淳の「メモリーグラス」です。Ｔ部長は、Ｉ専務に気を使いながら、「最後

図31　会社行事やイベントでの心構え

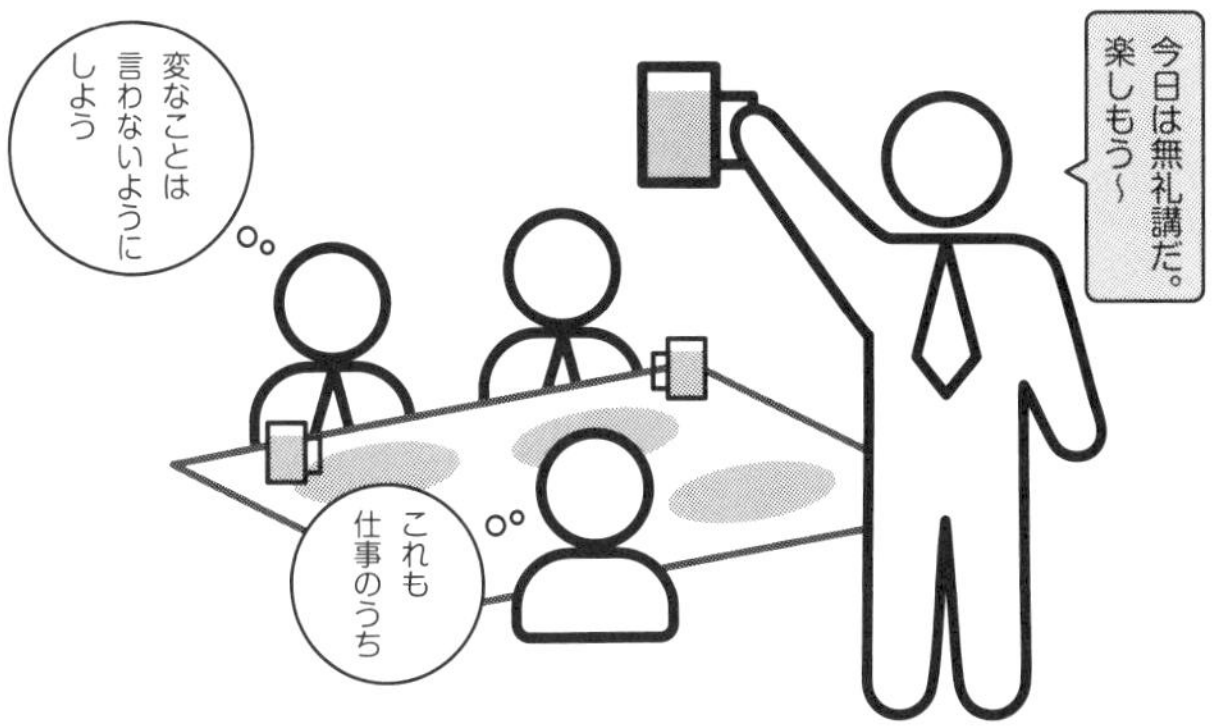
今日は無礼講だ。楽しもう～
変なことは言わないようにしよう
これも仕事のうち

「無礼講」は真に受けないことが大事

に決めてください！」とマイクを渡します。I専務は「飲みすぎて声が出ない。君が歌ったらどうかね。今日は無礼講だ！」と返しました。「それでは」と、T部長はマイクをつかみ「メモリーグラス」を歌い出しました。高音の伸びのあるビブラートが利いた、それはまさに熱唱でした。周囲は氷点下一〇度くらいに凍り付いていましたが、酔ったT部長は満足そうでした。

翌月、T部長は、データ資料室に異動になりました。過去の資料や出版物を整理する部署で、花形とは言えません。その後、この会社でT部長にスポットライトが当たることはありませんでした。社内では「メモリーグラス事件」として語り継がれることになりました。

私の経験上、優秀な人は「形」を崩さないものです。わかりやすく説明をすると、部下としての一線を越すことはありません。「宴もたけなわで～」「今日は無礼講で」と言われて、「ありがとうございます。それでは～」と「形」を崩した際のリスクをよく理解しています。このような場合、普段より慎重な対応が求められます。

社交辞令をまともに受けると大変なことになると覚えておくべきでしょう。

それでは、「宴もたけなわで～」「今日は無礼講で」と言われたら、どのように対応すればいいのでしょうか。話が振られそうだなと思ったら、「お客様と打ち合わせがあるので」と、理由を付けてその場から立ち去るのがベターです。または、自室に戻るのもいいでしょう。野球で例えるなら九回を完投するのではなく、五回の勝利投手の権利を得て降板する感覚に近いです。

ポイント

・上司の「宴もたけなわ」は真に受けない。
・「今日は無礼講」と言われたらなるべく早くその場から立ち去る。
・優秀なビジネスマンはいつでも自分の「形」を崩さない。

32 上司の批判は絶対にしない　そのリスクは数十倍になる

簡単そうで難しいのが接待です。「相手との人間関係ができているなら、何を飲んでも構わない！」と言う人がいます。確かに、その通りですが、ビジネスでのお酒の失敗は少なくありません。アルコールを飲まないことをおすすめしますが、全く飲まないわけにはいかないときもあると思います。さてどうすればいいでしょうか？

まずはチョイスする飲み物を考えましょう。失敗しないためにも酔いにくいお酒を選択する必要があります。私はウーロンハイにしていました。フレンチもイタリアンも和食のときも同じです。最初の一杯をウーロンハイにし、時間を掛けてゆっくり飲むのです。フレンチやイタリアンの場合、焼酎を置いていないケースがあります。このような場合は、日本酒のウーロン茶割り（かなり薄め）が理想的です。

同席者ができあがってきたらしめたものです。ドリンクを下げてウーロン茶に変更します。色は同じですから、ウーロンハイを飲んでいるように見えます。「お前も飲んでいるか？」と聞かれたら、「飲んでおります。ウーロンハイをいただいております」と答えれば、雰囲気を壊すこともありません。あとはテーブルの片づけに集中します。空いたお皿があれば片づけます。小皿が足りなくなれば用意する。こうしているうちに、同席者はお酒が入って饒舌になりますから、後は飲むふりをしながらせっせと仕事に徹してください。接待の席でお酒を控えたほうが良い理由は、お酒のトラブルやミスを防ぐためです。お酒で失敗した覚えのある人はそれなりにいることでしょう。

宴が始まって二時間が経過したら、料理の配膳状況を確認して、客人の様子を見ながらお開きにするのか見定めてください。「宴もたけなわ」が絶好のタイミングです。「時計を見る」「スマホを気にしている」「なんだか落ち着きがない」など、態度に注意してください。そして、「お時間大丈夫ですか」「何かご予定がありますか」と声を掛けるのが効果的です。その上で、散会の流れになったら、本日の御礼をして、お見送りをするまでがあなたの仕事です。

また、中にはさまざまな理由によって、お酒が飲めない人もいるでしょう。そのような場合は次のように切り返すのがベターです。

「昨日から風邪気味で、先ほど薬を飲んでしまいました」

お酒と風邪薬のセットは厳禁というほど、危険な行為とされています。通常であれば、薬を飲んだ人にお酒をすすめることはしないはずです。

話してはいけない話題がある

また、このような場所で注意しなければいけない話題があります。たとえば、会社に対する不平不満、他人の悪口や誹謗中傷です。よく周囲の観察をしてください。どこの居酒屋でも人の悪口を肴に酒を飲んでいる人がいるはずです。

例えば、「社長の方針がすぐにブレる」「嫌な仕事ばかり押し付けやがって」「自分たちはおいしい思いをしやがって」等。肴にされる当人が在席しない飲みの席は、思いの外、盛り上がります。

あとで誰かに誤解をされないためには、まずは飲まないことです。お酒を飲まなければ判断を間違えることはありません。「私は部門の指示に従うだけです」「部長の期待に応えられるように頑張りたいと思います！」と答えればいいのです。

図32　お酒の席でのタブー

ガヤガヤ
T部長はいつも
口だけでさ～……
ガヤガヤ

会社の不満や人の悪口は言わない

酒席では本音を言う人が多いのは確かです。それをよしとする日本の風潮もありますが、あなたもその風潮に乗ってしまうことはどうでしょう。まずは相手を観察するようにしましょう。「ホント、部長は腹が立つよな」と言われても、「私にはそのことはよくわかりませんが、部長は会社のためを思って色々と頑張っておられます」とかわすのがよいでしょう。**私見を述べたり話を逸らすことなく淡々と対応するのが得策です。**

飲み会で上司や会社批判をして評価を下げる人は少なくありません。**自分に自信があり仕事ができる人なら、他人の悪口は言わないものです。これに乗ってしまうのは、未熟であると他人に公言しているようなものです。気を付けなくてはいけません。**

ポイント

・お酒の席で失敗しないよう、酔いにくい飲み物を選ぶ。
・「風邪薬を飲んでいる」と言えば、お酒は飲まなくてすむ。
・居酒屋では無用の誤解をさけるために人の悪口は言わない。

第5章

議員秘書の仕事から処世術を学ぶ

33 上司にとって有益であればハシゴを外されることはない

T議員は当選四回を数える若手のホープとして期待されています。まだ経験が浅いにも関わらず、常任委員長を歴任して、若いながらも組閣の時期になるとたびたび名前が挙がってくる将来を嘱望された政治家です。そんなT議員の事務所はハードワークで有名です。

T議員は、早朝のランニングや犬の散歩をルーティンとしているため、担当秘書の起床は非常に早いものになります。場合によっては、早朝のランニングや犬の散歩に付き合わなくてはいけませんから、運転手の起床は四時。五時半には議員宿舎に到着していなくてはいけません。日中は精力的に仕事を進め、夜には後援会や関係者との会食など、分単位でのスケジュールをこなさなくてはいけません。担当秘書は毎晩遅い時間に先生を送り届けてから帰るので、就寝は午前一時を過ぎます。ブラック企業並みのハードさです。

さらにT議員は、気性の難しい面があり、幾人もの秘書が事務所に入っても、数カ月と持たずに離職していました。昨年は一年で二〇人以上の秘書が退職しています。T議員の秘書として、Sさんが採用されたのは一年前でした。一カ月も持たないだろうと周囲は踏んでいました。

当初、**Sさんはまったく評価されていませんでした。ところが、最近は、同行秘書として期待を掛けられるほど「出世」しました。なぜでしょうか？　今までの秘書とは何が違うのでしょうか？**

Sさんは「かゆいところに手が届く」存在だったのです。

T議員は、毎朝、出勤する前に主要各紙に目を通すのが日課でした。T議員の専門は、厚生労働分野でしたが、Sさんは新聞を渡す前に自らが全ての記事に目を通していて、今の委員会で役立ちそうなところに付箋を貼っていたのです。

T議員は付箋が貼られている箇所について質問します。「若い社員のミスマッチってどんな意味だ？」「何で苦労して入ったのに会社を辞めるんだ」と、トーストを頬張りながら、矢継ぎ早に質問してきます。

「本日の文教科学委員会は若者の早期離職がテーマだったと思います。企業が伝える情報と現実に差がありすぎてしまい、若者が入社してもすぐに辞めてしまうのです。例えば、ブラック企業が『当社はブラック企業です』とは言いませんよね。このような現象をミスマッチと言います」

T議員は「なるほど」とうなずきます。このように説明すれば「こいつはソツがない」と思われることでしょう。「ソツがない＝気が利く」と思わせたら評価はうなぎ上りです。

手柄は上司に渡してしまえ

戦国時代の話になりますが、豊臣秀吉は毛利家の支配下にある備中高松城を攻撃した際、ほぼ勝利は目に見えているにも関わらず、織田信長に援軍を依頼したとされています。

「信長様のご威光がなければ勝利することはできません。どうぞお助けください」

普通なら、上司の手を借りずに手柄を自分のものとして上司にアピールしたいところです。そこは、さすがは知将と呼ばれる豊臣秀吉。計算された凄さがあります。

戦略に長けていた織田信長のことです。戦況を分析すれば、勝利が目前にあることが理解できたことと思います。ところが信長に最後の仕上げをお願いし、他の武将へのインパクトやその後の成果を予想した秀吉は一歩先を読んでいました。

図33　**気が利く部下**

自分の手柄を上司に譲る

あなたの会社にはいませんか？　社内で大きな仕事を受注してきたときなど、「オレの力で受注してきた」「この受注のためにかなりの時間を費やした」とさんざん苦労話をする人が。そのようなときこそ謙虚になって、手柄を上司に譲ってしまうのです。「ソツがない＝気が利く」と思いませんか。

自分が取ってきた仕事であっても、上司に譲りましょう。それがめぐりめぐって自分に返ってきます。

特に、**二十代から三十代は、仕事の成果は、未来への投資と捉えておきましょう。将来大きなものを手にするための準備なのです。小さな実績よりも、大きな器を作ることが大事。**そう捉えるだけで、より大きな視点で仕事に取り組めます。
仕事は三つの要素で構成されます。実力、運、そして上司。運は自分でコントロールできませんが、実力と上司はできるはずです。実力で取ってきた手柄を上司に与え、上司との関係を構築しましょう。

ポイント
・上司にとって、「かゆいところに手が届く」存在になる。
・成果が大きければ大きいほど上司に手柄を譲る。
・気が利く部下はリストラとは無縁になる。

34 会食の基本は目立たず人に見られないこと

コンプライアンスの問題で、大手企業をはじめ接待禁止の会社が増加傾向にあります。そもそも「接待」の目的はなんでしょうか？　ビジネスは、人と人との関係がベースです。接待を通じて良質な人間関係を築いて、深めることができれば申し分ありません。

ビジネスを少しでも有利に運ぶために接待をすることもあると思います。ただし、このような場合は、不正の温床になりやすいので注意が必要です。最近では、接待を受けない以外にも、中元、歳暮をはじめ個人に対する贈答を一切お断りする会社が増えました。一旦受けてしまうと、相手も便宜を期待するからです。

最近増えてきているのが割り勘の食事会です。従来では考えられませんでしたが、接待を受けることへの警戒感が高まっている表れなのでしょう。食事や酒の席では思わず本音がわかるものです。一度、食事や酒を交わせば相手の考えていることや相性はわかるものです。ですから、議員秘書はことさら、仕事が終わった後の食事や酒の時間を非常に大切にします。「今度一献やりましょう！」と言ったのであれば一度は飲む機会を設けます。そのなかで相手を見定めるわけです。

押しが強いと言われればそれまでですが、本音を知りたい、相手に良い印象を残せると思わせられる自信があるからこそ誘うわけです。ゴルフや麻雀も親睦を深める上では有効ですが、手間を考えれば食事や酒の方がお手軽です。薄っぺらい社交辞令などではなく、直接対峙することでお互いの理解が深まっていくのです。

今、「飲みニケーション」が再評価されています。ある上場企業は、管理職と一般社員という階級差のある社員同士の懇親会への補助金制度を設けました。業績不振や合併などがあり離職率が高い同社は、**自由な意見交換の場として「飲み会」が有効だとして、この制度を導入したのです。**

ベンチャー企業をはじめ若い組織には、若い世代だけでなく、経験値を買われて入社した年配の世代が混在している場合が多くあります。**そのギャップを埋めたり、企業の成熟化を促進**

するのに懇親会は有効だと考えられています。

また政治家や議員秘書は地元での飲食には気を使います。全国区では知名度が低くても選挙区では有名人として敵から知られていることが多いからです。カフェ、居酒屋、クリーニング店、市場、スーパー、路地裏にまで顔を知られています。そのため、会食は目立たない場所が好まれます。もし、政治関係の人と食事をする機会があったら、選挙区外でセッティングするように気を使ってください。

「○○先生、後援会の人と一緒に、食べ放題の焼肉を食べていたよ！　後援会に対して結構セコイよね」「あそこの喫茶店でふんぞり返っている人がいてね、よく見たら○○先生だったよ。足をガバっと開いてイスに座ってエラそうだった」「○○先生はタバコを道路にポイ捨てしていたよ」などなど、政治家は噂を立てられやすいので注意が必要なのです。

また、選挙区内で一対一では会わないようにします。会っているのを誰かに見られると変な談合をしているのではないかと噂を立てられるリスクがあります。飲食しているところを見つかって、「あそことは会食ができて、ウチとはできないのか」と変な評判が立てられてしまいます。「忙しくて会食できる日時が事前にわからないんです」とかわし方も覚えておかなくてはいけません。

図34　社外会食での心構え

会食は相手から見極められている場。
決して気を抜かないことが大事

周囲への注意は怠らないこと

皆さんは、普段、どのようなお店で会食をしますか？　私は、人目に付かないお店を選ぶようにしています。チェーン店の居酒屋でも個室を選ぶなど徹底しています。理由は、会食の際の様子を他から見られたくないからです。もし知り合いがたまたまいて、**向こうが先に気が付いていて、こちらが気が付かなければ失礼に当たります。**人数が多ければ、一人ずつ挨拶をしなければいけません。当たり前のことですが、プライベートな席なら少々面倒です。

お酒の入る席で、他の人とニアミスするリスクは極力避けた方がいいでしょう。ニアミスしてプラスになることはあまりないはずです。また、いろいろと詮索をされるリスクもあります。
出張の際、地方空港は出発ロビーと到着ロビーが近い場合が多いので周囲を見渡します。新幹線のグリーン席にはやはり相応の人が座っているケースが多いので気は抜けません。飛行機や新幹線でのニアミスは意外と多いものです。

ポイント
・お酒の席は仕事相手を見定める絶好の機会。
・社外での飲みの席は知り合いとのニアミスに注意。
・チェーン店でも個室を利用して相手に気を使わせない。

35 追及するときには相手に逃げ道を用意する

政治家の責任の取り方は一般的な責任の取り方とは異なるかもしれません。

例えば選挙の場合、獲得議席数によって勝敗は分かれます。勝敗ラインをクリアできずに負けることになれば、執行部は責任を取って総退陣となります。このような場合、必要以上には相手を追い詰めたりしません。必要以上の追及は禍根を残すことを政治家は知っているからです。

政治動向が大きく変わる政局になると、今までは敵対していた同士が歩調を合わせるようになったり、政党同士が合併することがあります。これはお互いの利益を考えての行動ですが、必要以上の禍根を残していないからできるとも言えるわけです。

これは私たちが仕事をする上で覚えておきたいことです。**人は勝者になることもあれば敗者になるときもあります。**勝者、敗者が決定した時点で優劣は明らかですから、むしろ相手を労うくらいの方が相手に好感を持たれます。人は他人の失敗や過ちにはとても敏感です。ところが自分の失敗や過ちは認めたくないと思うものです。そのため、**敗者への対峙方法でその後の流れが変わってくるのです。**

中には、トップが強権的なケースがあります。信賞必罰、役割と責任の明確化というような大義名分を好む経営者です。ところが、責任論をかざしても議論が建設的になることはありません。むしろモチベーションが下がって組織に壊滅的なダメージを与えかねません。

孫子の兵法には次のような記述があります。「敵を包囲したら、必ず逃げ道を開けてやり、窮地に追い込んだら、それ以上、攻撃を仕掛けてはならない」。これは、追い詰めすぎると相手が復讐の念をたぎらせるリスクについて説明しているのです。

これを回避するためには、屈服させるのではなく落としどころを考えておく必要があります。このようなとき、人は客観視できなくなっている可能性があります。自分が正しいと思っているので状況を的確に判断できず、追い詰めていることに気付いていないのです。

ある主題について、異なる立場に分かれて議論するディベートという討論法があります。ひところブームになりましたが、感情的な対立を引き起こすのでビジネスの場面で使用すると少々面倒なことになります。私は、ジャーナリストとして時事問題に関する記事を投稿することがあります。

時には持論を展開し、時には異なる意見の論者を批判することもあります。相手を論破して、理屈で屈服させることに快感を覚えていた時期が私にもありました。一見、理論的に正しく見えても、論破された方はシャレになりません。

ビジネスで使えないディベートの技法

ディベートの仕方や効果については外資系コンサルティング会社在籍時に学びました。米国における討議はすべてディベートが基本です。しかし、ここは日本です。アメリカの大統領選挙の公開討論会ではありませんから、**白黒はっきりさせるような主張は日本には向いていないと言えるでしょう。**

目指すべきは、あくまでも穏やかに意見を交わし、問題点を明確にして、お互いにアイデアを出し合うことです。多くのビジネスパーソンは、そんな会議や交渉を心掛けることが理想といえるでしょう。

図35　ビジネスでの敗者への対応

禍根を残さないよう逃げ道を作ってあげる

議論が白熱すると、問題の主題から脱線することがあります。つまり水掛け論というものです。「お前の話し方が気に入らない」「だからお前は女房に逃げられるんだよ」「お前が出世できない理由がわかった気がするよ」。人格批判にまで発展するともう収まりが付きません。

こうならないために必要なものがあります。それはホワイトボードです。議論の整理に役立つのみならず、感情的になる空気を抑える効果があります。ディベートの手法は口述が基本ですが、これをホワイトボードに書くことで、感情の高まりを抑えることができるのです。ホワイトボードに「だからお前は女房に逃げられるんだよ」みたいな、人格否定を書くことはできませんから。

ポイント

・自分が正しくても相手を論破してはいけない。
・ビジネスで勝者になったら敗者を労う。
・議論になったときはホワイトボードを使うと感情を抑制できる。

36 リーダーは知らないことにも責任あり 何事にも責任を負う覚悟を持つ

議員秘書は常に「自分が責任を負う」覚悟を持っているものです。「自分が責任を負う」という意識がなければ、問題の大きさや影響度を正しく把握することができないからです。自分以外の誰かが防波堤になってくれるという甘い気持ちで議員を守ることはできないでしょう。甘えを持つことは自らの判断力を曇らせる危険性もあります。

社内で、「上司に責任を押し付けられた」「会社は理不尽だ」と嘆いても誰も助けてはくれません。「こんなはずじゃなかったのに」とならないためにも、「自分が責任を負う」という意思が必要になります。とはいえ、決して簡単なことではありません。

二〇一二年一二月に実施された、第四六回衆議院議員総選挙で当時与党の民主党が大敗しました。八人の現役閣僚が落選する歴史的な大敗です。前の衆議院議員選挙では民主党が大勝をして、政権交代を実現しました。脱官僚・政治主導、事業仕分けを行い、高等学校の授業料無償化、農業者戸別所得補償制度などを公約に掲げましたが、公約の成果が見られず政治が停滞したことから支持率が急落し、選挙での大敗を引き起こす結果となりました。

選挙の直後、民主党内では、野田佳彦総理（当時）や党の責任だとする批判が目立ちました。これらの発言は責任を転嫁していきます。そのような状況で、岡田克也副総理（当時）が「選挙は、最終的には自分の責任。執行部や他人の責任にするところから改めないと、この党は再生できない」と発言します。

私も、その通りだと思います。選挙惨敗の責任を即座に取った野田総理や岡田副総理の発言は正論であって、解散時期を理由に落選議員が責任転嫁するような態度を取ることは国会議員として見苦しいものです。同じ民主党の中でも実力者といわれている人たちは当選しています。そのように他人のせいにする人は、そもそも当選したのも「執行部のおかげ」「自分の力ではない」ことを露呈しているようなものです。

人は何か良くないことが起きると言い訳をします。責任を負わされたときには「私はしかたなく責任を負わされました」「理不尽だ」とアピールをします。しかし、言い訳をすることは見苦しいとは思いませんか。**あなたが責任を負うことの最大のメリットは、相手に「恩」を売ることです。言い訳は、この「恩」の印象を薄れさせてしまいます。**

秘書が勝手にやりましたは本当？

秘書の仕事には、言葉にはできない暗黙のルールが存在します。議員は国政で多忙ですから不文律に則り仕事を進めざるを得ません。しかし間違った方法で進めてしまうととんでもないミスを生み出すこともあります。そのためには、多忙でも先生にマメな報告をして、自分の判断で進めてしまわないように心掛けることが大切です。

ミスが露呈して困るのは秘書ではありません。関係者の信頼をなくして困るのも、場合によってはその責任を負わされるのも議員です。政治家の記者会見でお約束の「秘書が勝手にやりました」は、本当のケースもかなりあります。中には、秘書が責任を被るケースもあるかもしれませんが、秘書が独断で進めている（独断で進めざるを得ない理由もあるのですが）ことがほとんどです。

では、万が一、責任を被る際にはどうしたらいいでしょうか。二〇一六年、話題になった元代議士の事件のように、秘書が先生との会話を録音したり、何かしらのバーターを要求することは好ましい結果を生みません。議員と秘書は一蓮托生です。その秘書が、議員との会話を録音してメディアに公開する時点で違和感を覚えます。メディアは視聴率につながるので飛び付くかもしれませんが、秘書のやったことは支持はされないでしょう

何らかの責任を負わされた秘書が事務所を辞めたとします。**責任を負わされるということは、自分の立場が弱い証拠です。**責任を取って辞めるところに行くまでに、何度かそれを回避するチャンスがあったはずです。それを逃してしまったことは、秘書として、**自身のリスクヘッジに過失があったと言わざるを得ないでしょう。言い訳をせずに潔く責任を被ることも大切です。**

ポイント

・言い訳や責任逃れは見苦しい。
・相手に「恩」を売りながら理不尽を受け入れる。
・責任の取り方を周りの人はよく見ている。

37 裏口入学は議員秘書が斡旋している？ ―実は何も動いていない

数年前、有名医大から、過去に不正合格させた受験生やその親の名前などが書かれた「裏口入学リスト」が流出したと報道されたことがありました。このように、数年おきに「裏口入学」の問題が取り沙汰されることがあります。

今、某代議士の議員会館の部屋で、ある取引が行われようとしています。

後援会幹部：お世話になった方の子息がどうしても「X大学」に入りたいと言っていてね。そこを先生の力でどうにかなりませんかね？

議員秘書：かしこまりました。お土産は大丈夫ですか？

後援会幹部：板チョコ三枚くらいなら。先生もお好きな甘くてとろけるやつですよ（笑）。

議員秘書：チョコを二枚くらい追加してもらえると話は早いと思います。私も最近は物入りでね。イタリア製の赤いスポーツカーの燃費が悪いもので、今度はドイツ製にしようかと……。

後援会幹部：お主もワルよのぉ。ほっほっほっ！

海外では当たり前の「裏口」

このような話をまともに受けている人がいれば、それはテレビドラマの見過ぎでしょう。政治家や議員秘書には、どうしても裏口入学や斡旋などのダーティーなイメージが付きまといます。実は、議員秘書はこのような違法行為には手を出しません。違法行為が露見した際のメリットが見当たらないからです。

しかし、**有力者からのお願いです。無下にできないのも事実です。悪い評判を流されたり敵陣営に行かれると困るので形式上、検討する形を取ります。**そして、次のような対応を行うのです。

（例）前述の後援会幹部のケース

（1）後援会幹部が秘書に依頼。

(2)秘書は受験番号を確認する。
(3)お世話になった方の子息が大学を受験。
(4)合格発表がされる一週間程度前に秘書は大学に連絡をする。
(5)合否確認を行う。
(6)合格をしていたらお祝いを送付、不合格でも即座に伝える。
※ポイントは合格発表前であること。

秘書は大学に対して何も違法行為をしていないことがわかります。合格なら「実力で合格していた」ことになり、不合格なら「実力が達していなかった」ことになります。議員事務所を通すと、何らかの便宜を図ったように見えるわけです。しかし、本人は実力で合格をしています。秘書は何もしていません。

ところが、「裏口入学の斡旋でお金を騙し取られる」という話は昔からよくあります。私は法律家ではないので専門的な見地からのコメントは控えますが、民法七〇八条により、裏口入学を依頼した側にも厳しい判決が言い渡されています。

図37　裏口入学の「構図」

合格したら：「頑張りました」
不合格なら：「私の力が及びませんでした」

▼

どっちにしても、結局、依頼なんてしない

民法第七百八条（不法原因給付）

不法な原因のために給付をした者は、その給付したものの返還を請求することができない。ただし、不法な原因が受益者についてのみ存したときは、この限りでない。

金品を提供して便宜を図る（このケースは裏口）ような行為は社会通念上許されません。だから「不合格だからお金を返せ」という訴えに対して返却の義務がありません。裏口に関する訴訟では同様の判決が出ています。依頼する側、依頼される側、双方にとって全くメリットがないので、このような依頼には対応をしないことが常識になっています。

日本のように裏口入学が犯罪扱いされる国は

非常に珍しいと思います。私大では一般入試は定員半分以下で、早稲田や慶応でも六割程度です。半分以上は推薦やＡＯなどの「裏口」みたいなものです。世界的にも一流大学は有力者や金持ちの子供が寄付金で推薦入学するものというのが常識です。裏口（寄付金）入学は犯罪とは思われていません。

つまり、テレビドラマで放映されるような、完全な「裏口」というものは存在しないと考えた方がいいでしょう。誤解を与えるので「裏口入学」→「推薦入学」と表現を変えたほうがいいと思います。推薦であれば、全く事件性はないのですから。

ポイント
- 裏口入学は世間の噂に過ぎない。
- 賄賂のやり取りは結局双方にメリットなし。
- 違法行為には無下な対応をせずにかわす。

38 びしょ濡れ、泥だらけは当たり前
地方の風習に精通して親しみの演出

聴衆にとっての親しみやすさは政治家が支持される大きな要素だといわれています。自民党の小泉進次郎環境大臣は、方言を使ったスピーチが上手いといわれています。彼のスピーチを聞くと、集まった聴衆は、あっという間に彼のファンになってしまいます。彼のスピーチには、いくつかの「法則」があります。第一が「地元言葉」による挨拶です。第二が対抗陣営が強い選挙区では方言を封印するなど柔軟な対応ができることです。

田中角栄元首相の長女である田中真紀子元代議士は東京・目白の生まれで、小学校、中学校、高校、大学まで東京です。馴染みがないはずなのに、見事な新潟弁を使って、地元・新潟県民の心を捉えています。

地方には、外部からの影響をほとんど受けない閉鎖的な地域社会が多くあります。地域とのコミュニケーションのツールとしての標準語が形成される契機がなく、各地で独自の語彙・文法等が発達しました。これが方言のゆえんといわれています。

例えば、幕藩体制が敷かれた江戸時代においては、各藩が一つの行政単位というよりも、半ば独立国のような形でした。庶民レベルでは他の藩と交流はなかったので、その藩内で言葉が通じれば用が足りていたわけです。地域独自の言語ですから、上手く方言を喋ることができれば地域の人からは好意的に受けとめられることは間違いないのです。

政治家は有権者の支持が得られなければ当選できません。そのためには**親しみの演出は不可欠です。**選挙区に入れば普段の平常時には標準語で会話をしていても、地元の言葉や方言を活用します。そして選挙区の中では高級車を利用してはいけません。

東京では高級車を乗ることが多い政治家も、選挙区内ではかなり旧型の車を乗り回し庶民派をアピールします（旧型のセドリックやカローラが定番です）。議員秘書は先生よりさらに数段型落ちの車を乗ることになります。

ある政治家の選挙区が農村部だったとしましょう。田んぼや畑での、モミまきや種まき、あるいは稲刈りや収穫の時期、農家は総出で農作業に精を出しています。ある候補者は、農作業

図38　閉鎖的なコミュニティでの交流方法

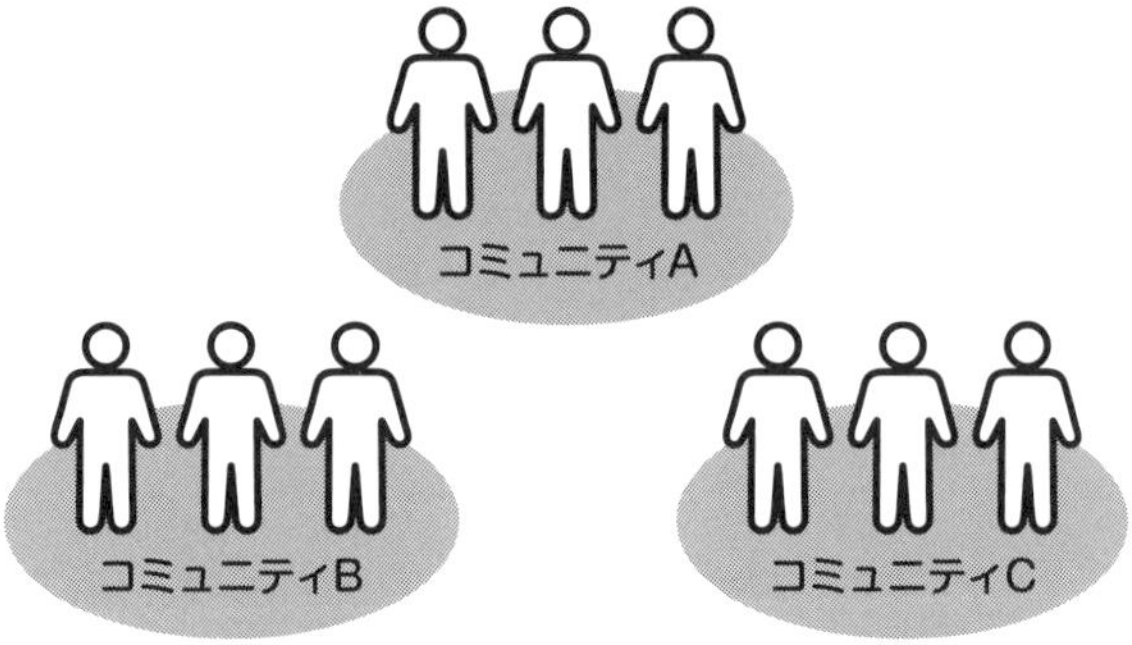

それぞれのコミュニティのルールを
意識することで早く溶け込める

をしている有権者の皆さんに大声で手を振りながら「皆さん～調子はどうですか？」「実りはどうですか？」と声を掛けながら、ズボンをたくし上げて、靴のまま水に触れながら田んぼや畑に降りていきます。

農家の方はビックリ。「先生。私たちがそちらに参りますから。あー靴が、洋服が汚れてしまいます。やめてください」。先生はすかさず、「何を言うか。そんなことは関係ねえべ。今は農作業の忙しい時期ずら～。だから話を聞いてもらうのに、靴や洋服なんか、そんなの全く関係ないべ！」と大声を発しながら歩いてきます。農家の皆さんは大感激です。「先生には私たちが付いています。頑張ってください！」と心に誓うのです。

最後に必要なのはパフォーマンス

候補は、車に戻るとすぐにズボンも靴も履き替えます。

実は、選挙カーの中にはエナメル製の安い靴が何足も用意されています。そして、替えのズボンも何着も用意されています。場所を変えながら、同じような光景は何回も繰り広げられることになります。真夏でもネクタイ着用でスーツを脱がない。真冬の日もコートを着ない。雨の日も雪の日も傘をささない。地元を高級車では走らない。政治家の基本中の基本です。

ビジネスにおいても、クールビズだからこそネクタイ着用でスーツを脱がない。真夏であっても爽やかな顔をしている。冬に日焼けをしている。**ちょっとした工夫で印象が変わります。自らを演出することが大事です。**

出張で、ある地方都市に行ったとき、暑い中でもスーツを着て、商談を進めるあなたは、相手に強烈な印象を残すでしょう。それは決して悪い印象ではないはずです。

サッカーのイングランド元代表のベッカムは、自らも所属していたマンチェスター・ユナイテッドの試合を観戦するときは必ずスーツを身にまといます。それは、幼い頃から好きだったチームへの敬意からです。彼の正装姿を見る私たちは、ユニフォームとは違う姿に魅了されます。図らずも、それはベッカムというアイコンを好意的に解釈する最高の演出と言えるでしょう。

ポイント
・地方ではその土地の風習を意識した交流方法が有効。
・夏でもスーツを着るなどちょっとした工夫で印象を残す。
・親切と丁寧を演出したパフォーマンスは人の心に響きやすい。

39 仕事の第一歩は人間関係の構築——まずは人たらしになろう

強い秘書軍団を作るには何が必要でしょうか。これは会社の組織作りにも通じるところがありますが、**私は採用がポイントではないかと思います。**

例えば、故竹下登元首相は選挙区の島根県出身者以外は絶対に採用しませんでした。選挙区選出の秘書で固めて、県会議員や、市会議員などのネットワークを作り上げると、**組織に一体感が生まれるようになります。**組織に一体感が生まれれば事務所は活性化します。事務所が活性化するとどんなメリットがあるのでしょうか。政治家にとってダーティーな情報が外部に漏れる危険性が格段に減少します。地元出身者は、地元選出の議員を裏切るようなことをすれば地元では生活がしづらくなりますから。

これは人間の自己同一性という特性を上手く利用しています。**人間は相手との共感ポイントを探す性質があります。**初対面の人と会ったときに、「出身はどちらですか」「趣味は何ですか」「何座生まれですか」「血液型は」といった具合に、共通項を探しながら親しくなっていく経験は誰にでもあると思います。共通項が見つかり親しくなれば「人間関係」を構築できます。人間関係の結び付きによっては組織を強くできます。

企業で、人間関係構築に長けている人は、会社の風土や文化を理解しています。そして風土や文化をどう自分の仕事に活用できるかを考えます。活用とは、組織内における力学、つまり、提携関係、ライバル関係、派閥などを理解しているということです。これらの関係を上手に利用することができれば自分の成果に結び付けることができるでしょう。

人間関係構築は、付け焼き刃のテクニックで高めたり強くすることはできません。人間関係構築のセミナーや研修に参加しても簡単にスキルは身に付きません。様々なテクニックは、そのベースがあって初めて身に付くものです。つまり、ベースの有無が大切です。

人間関係とは人たらしのこと

人間関係に必要なのは「人たらし」の力です。「人たらしのテクニック」とは、大変なものではないかと思われるかもしれませんが、非常に簡単とも言えます。「どんな場合においても相手から最大の好意を持ってもらえるように行動すること」がベースになります。これさえ押さえていれば決して難しくはありません。

例えば、議員秘書の仕事に陳情の対応というものがあります。陳情は人たらしを行う絶好の機会です。相手はお願いをする立場ですから少々緊張をしています。

まず、すぐに対応可能な内容であったとしても、眉間にシワを寄せながら、結構大変かもしれませんなどと答え、どちらかといえばがっかりするような印象を与えて帰らせます。その後すぐに、即日着の特急便で手紙を発送します。手紙には陳情を受けた秘書の名前が入っていて、訪問の御礼と陳情を請ける旨が記載されて、議員直筆の添え状が同封されていたら、相手はどう思うでしょうか。

これは、企業の採用活動でも応用できます。内定のオファーを出すことが決まっている候補者の最終面接で、面接官が眉間にシワを寄せながら、どちらかといえばがっかりするような印象を与えて帰らせます。その後すぐに、「当日着」のバイク便で内定通知と花束を贈ります。一緒に直筆の添え状が同封されていたら、内定予定者は一気にその会社のファンになることでしょう。

図39　人たらしのコツ

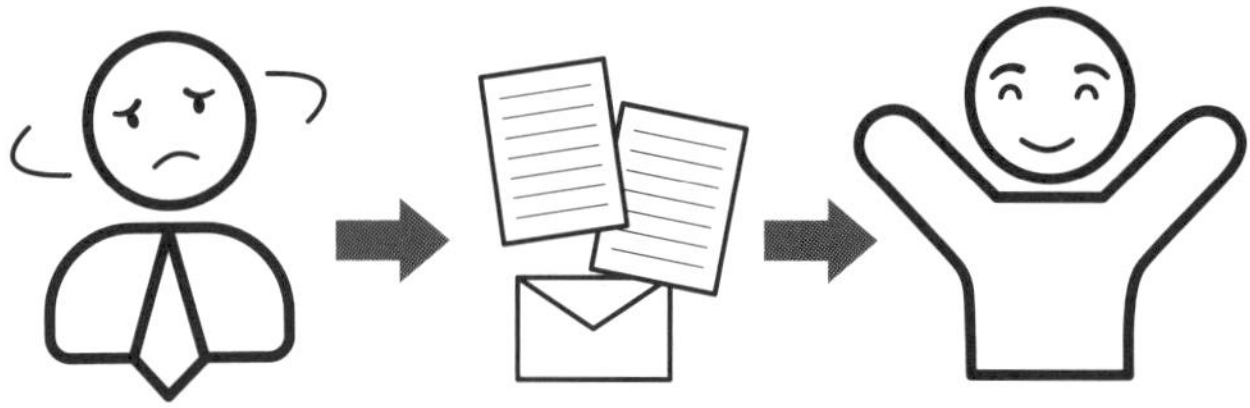

お願いされても
難しい態度を取る

一転手紙などで
依頼を引き受ける

相手からの
印象がよくなる

この事例はかなり極端な例かもしれませんが、このようなサプライズを用意するだけで相手の満足度は大いに高まることがわかります。これが、「人たらしのテクニック」の事例になります。人たらしのスキルはビジネスを成功させる必須テクニックなのです。

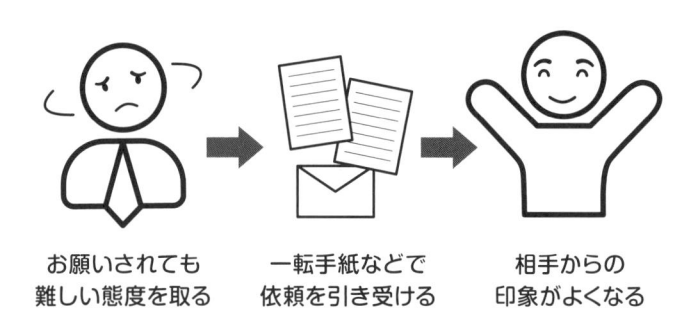

どんな人が人たらしなのか？　それは一概には言えませんが、共通項を見出せます。

まず抜群の記憶力が挙げられます。会話をしていて、過去の何気ない会話、たとえば休憩時間や飲み会での雑談を覚えていると、相手はうれしくなり、あなたに親近感を持つことでしょう。

会話に相手の名前を挟み込むことも有効です。

普通に会話していると、案外名前を呼んでいるないものです。そして名前を呼ぶことは、警戒心を説く効果もあります。

そして当然のことですが、意外にできていないのが礼儀正しさです。自分のことを礼儀正しいと思っていても、**相手を慮った礼儀の正しさでしょうか。「親しき中にも礼儀あり」です。**

上司に叱られたとき、ふてくされた顔で「わかりました」と言うよりも、「お忙しい中、ご指導の時間を設けていただいてありがとうございました」と感謝を述べるのでは上司が受ける印象が全然違います。

ポイント
・人間関係の構築はビジネスをする上で武器になる。
・起業の風土や文化を理解する人は人間関係を円滑に進める。
・人たらしになるには相手に最大の好意を持ってもらうように心掛ける。

40 自分に自信があるならブランド物を身に着けない

私の知り合いの議員や議員秘書は仕事上ではブランド品をほとんど持ち歩きません。ブランド品を持つことによってやっかみを防いでいることもありますが、そもそも高級品に全くこだわりがない人も沢山います。最近、仕事の成功者は長財布を使うなどの財布診断も流行っているようですが、政財界では驚くほど長財布を使っている方に出会ったことがありません。スーツの胸ポケットには長財布がスマートかもしれません。ところが形が崩れることを嫌う人は胸ポケットに財布をしまいませんし、長財布も使うことはありません。マネークリップを使う人も知りません。

国会議員という時点で、エグゼクティブになりますから、いちいちブランド品を身に着けるようなことはしないのです。それは自信の裏返しです。私がお世話になったある先生は「ブランド品は、値段がいくらか知っているから持たない」と言っていました。その先生はカバンも財布も持ち歩きません。代わりに、普段から紙袋を使っています。運転手付きの車でドア・トゥ・ドアだから天候を気にすることもありません。

お金を使う場所と使わない場所のメリハリが明確なのです。

一般人は見栄を張るから無駄な出費も多くなりますが、本当のエグゼクティブは絶対に見栄を張ることはありません。なぜなら彼らがエグゼクティブであることを周りの人は知っているし、知らない人に知らせる必要はないからです。一目でブランドがわかるようなものは持ち歩きません。

逆に自信のない人の方が、ブランド品を持っているように思います。機能や品質のために購入しているのではなく、高級なものを持つことで、他人より上である優越感に浸りたい心理があるのでしょうか。

高級ブランド品を作る人は一流ですが、それを買う人は一流とは限りません。本当のエグゼクティブやステータスのある人は、安いものでもファッショナブルに着こなすことができるでしょう。

図40　エグゼクティブと一般人の違い

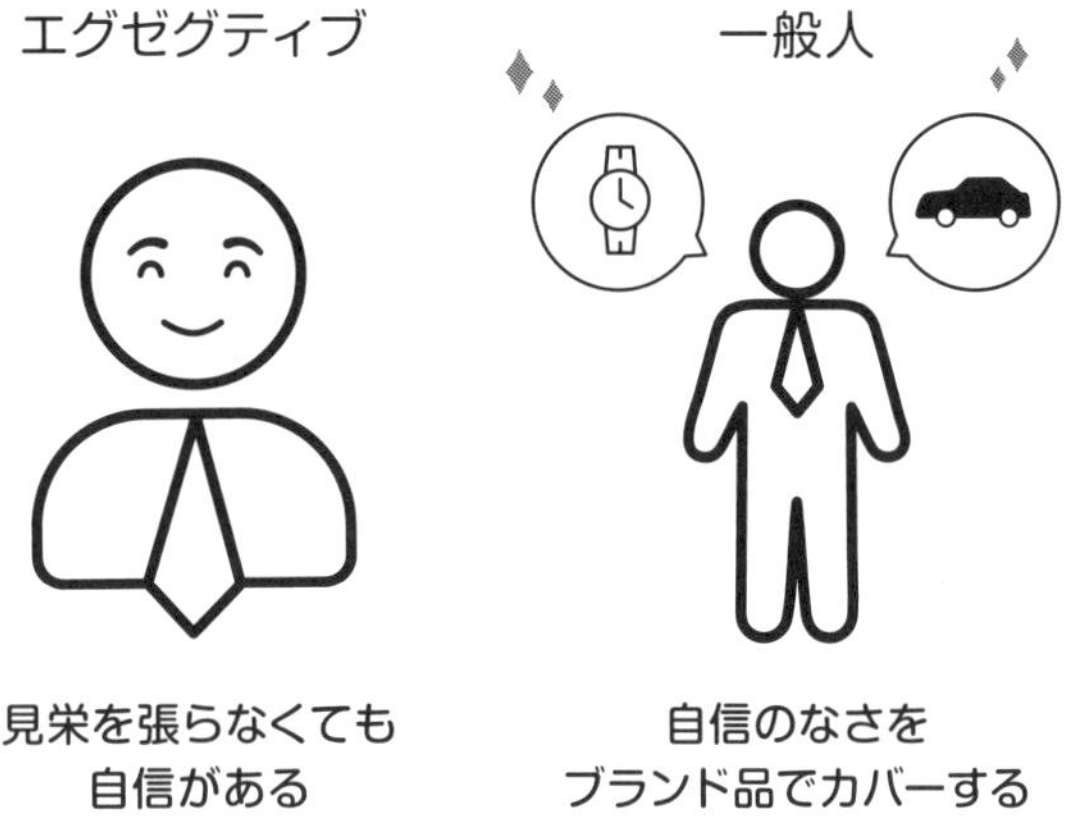
エグゼグティブ
一般人
見栄を張らなくても
自信がある
自信のなさを
ブランド品でカバーする

お金をかけることがお洒落ではないと思っています。

唯一、政治家がブランドにこだわるのはスーツだと思います。スーツは制服みたいなものですが、どれも同じように見えて実は歴然たる差があります。国会議員に人気があるのは、銀座英國屋か壹番館洋服店銀座本店です。高級紳士服の専門店として周知されている老舗で、オーダーで一着三〇万円以上、高いと一〇〇万円くらいのものもあります。

高級品を着用しているにも関わらず「着こなしが下手」なのが政治家の特徴です。いま、二〇代の若者を中心に「モテスーツ」という細身のスーツが流行っています。若手の政治家で好んで着用している人がいます。さらにサイズが小さいものを着る人がいますが軽薄に見えてしまうので注意が必要です。

一方で、大きめのスーツを好む人もいます。小さくて小柄な体型を大きく見せようとしているのです。

政治家のスーツの着こなしとは

トランプ大統領はブカブカの大きめのスーツにボタンを留めず、長いネクタイが印象的です。ブリオーニ（Ｂｒｉｏｎｉ）のスーツですがお世辞にも高価なスーツに見えません。オバマ元大統領は就任するとイタリアのカナーリ（ＣＡＮＡＬＩ）を着用しました。ですが、着こなしは既製品ぽいように見えてイマイチの評価でした。

では、政治家で着こなしのうまかった人は誰でしょう。

お手本とされていたのが、エリザベス女王の夫であるフィリップ殿下です。その着こなしは英国紳士の手本とさえ言われていました。

政治家は選挙区でいつも見られている存在です。そのことを十分に踏まえて、意識し、どう見られているか客観視することが大切です。

サラリーマンにも同じことが言えますが、あまりこういったことを指摘する人はいないのでこの機に振り返ってみてください。

ポイント

・ブランド品で身を固めて見えを張ることはもったいない。
・本当にエグゼグティブな人は無用に着飾らない。
・実力を付けて自分をブランド化することを目指す。

おわりに

スキャンダルや不祥事があった場合、小さなところでは、仕事のミスや失敗を押し付けられたときに、「ドロを被らされた」と言いますね。

では、みなさんにお聞きしたいことがあります。

不満を上司にぶつけて何か改善したことがありますか？

私の知りうるかぎり、状況が改善されたケースはあまり聞いたことがありません。むしろ、不満分子としてチェックされることの方が多いのではないでしょうか。

古代ギリシャの哲学者であるアリストテレスは、著書『弁論術』で次のように述べています。

「口答えしたり、罪を否定したりする者に対しては、我々は一層厳しい懲罰を加えるが、罰せられて当然であると認めている者に対しては、怒りを収める。人間は自分に刃向かってくる相手に対しては、主張している内容が正しかったとしても、言われた側は自分の意見を否定されたように感じて逆に怒りを覚える」

アリストテレスは紀元前三〇〇年頃（今から約二三〇〇年前）の古代ギリシャの哲学者です

が、『弁論術』はレトリックの経典とされています。レトリックとは、公衆の面前などにおいて、聴衆を魅了・説得する方法や、人間関係の原則を説いたものです。現代の私たちが思い悩んでいることは、すでに二三〇〇年も昔から変わっていないことを痛感させられます。

本書で紹介した内容は、今のビジネス社会を生き抜く大切な要素を含んでいます。上手く活用すればあなたに共感を持ってくれる人脈が広がることでしょう。そして、社内外であなたの意見に賛同してくれる人たち、あなたと同じ意見や価値観を持っている人たちを巻き込んで、少しずつ大きな波へと成長していくことでしょう。

この本を手に取っていただき有難うございます！

皆さまの手助けとなる一冊になれば幸いです！

より優位を目指して！

To Be Continued.

二〇一九年一一月　著者

著者プロフィール

尾藤克之（コラムニスト、明治大学サービス創新研究所研究員）

東京都出身。代議士秘書、大手コンサルティングファームにて、経営・事業開発支援、組織人事問題に関する業務に従事、ＩＴ系上場企業等の役員を経て現職。現在は障害者支援団体のアスカ王国（橋本久美子会長／橋本龍太郎元首相夫人）の運営をライフワークとしている。ＮＨＫ、民放各社のテレビ出演や、経済誌などからの取材、掲載多数。現在、コラムニストとして、朝日新聞「telling,」「オトナンサー」「アゴラ」「J-CAST」で執筆中。著書累計10冊以上、主要著書に『あなたの文章が劇的に変わる５つの方法』（三笠書房）、『即効！成果が上がる 文章の技術』（明日香出版社）がある。埼玉大学大学院博士課程前期修了（経営学修士、経済学修士）。

【連絡先】
Facebook:https://fb.com/bito1212
Twitter:@k_bito
Mail:bito@askap.net

参考文献

書籍

『脳のパフォーマンスを最大まで引き出す 神・時間術』
（大和書房）樺沢紫苑

『ＰＣＮ症候群(先延ばし癖)を治せば、就職はうまくいく！』
（学習研究社）齊藤勇

『考える技術・書く技術―問題解決力を伸ばすピラミッド原則』
（ダイヤモンド社）バーバラミント(著)、Barbara Minto(原著)、
山崎 康司(翻訳

『成功率98%の秘訣』（かんき出版）和田裕美

『上に行く人が早くから徹底している仕事の習慣』（すばる舎）中尾ゆうすけ

『「すぐやる人」と「やれない人」の習慣』(明日香出版社)塚本亮

『波風を立てない仕事のルール』（きずな出版）尾藤克之

『議員秘書だけが知っている キーパーソンを味方につける技術』
（ダイヤモンド社）尾藤克之

『即効！成果が上がる文章の技術』（明日香出版社）尾藤克之

ＷＥＢ記事

「日本人の睡眠時間、主要２８カ国で最短」
二〇一八年四月九日（ITmedia）
https://www.itmedia.co.jp/news/articles/1804/09/news097.html

「日本人は睡眠不足？　世界１００カ国で最下位、米ミシガン大が発表」
二〇一六年五月九日（ITmedia）
https://www.itmedia.co.jp/news/articles/1605/09/news092.html

論文

Frey and Osborne(2013) THE FUTURE OF EMPLOYMENT:
How Susceptible are Jobs to Computerisation?

「明日やろう」「後でやろう」がなくなる
すぐやるスイッチ

2019年12月21日　初版発行

著　者　尾藤克之
発行者　野村直克
発行所　総合法令出版株式会社
〒103-0001 東京都中央区日本橋小伝馬町15-18
ユニゾ小伝馬町ビル9階
電話　03-5623-5121
印刷・製本　中央精版印刷株式会社

ISBN 978-4-86280-719-9
総合法令出版ホームページ　http://www.horei.com/